AF533672

Verschlusssache Philadelphia-Experiment

Osiris-Verlag UG (haftungsbeschränkt), Marktplatz 10, 94513 Schönberg
Tel. +49 (0)8554/9444527

Umschlaggestaltung, Satz und Layout: Luna Design KG

ISBN: 978-3-949500-02-2

Oliver Gerschitz

VERSCHLUSSSACHE PHILADELPHIA-EXPERIMENT

Die geheimen Versuche des US-Militärs
und ein Riss in der Zeit

OSIRIS Verlag

An die Gemeinde in Philadelphia:

An den Engel der Gemeinde in Philadelphia schreibe:

So spricht der Heilige, der Wahrhaftige,
der den Schlüssel Davids hat,
der öffnet, so dass niemand mehr schließen kann,
der schließt, so dass niemand mehr öffnen kann:
Ich kenne Deine Werke, und ich habe vor Dir eine Tür geöffnet,
die niemand mehr schließen kann.
Du hast nur geringe Kraft,
und dennoch hast Du an meinem Wort festgehalten
und meinen Namen nicht verleugnet.

(Offb. 3,7 – 3,8)

INHALT:

Ein (Vor)Wort an den Leser

»Sei sicher, dass Du recht hast,
und mach Dich dann an die Arbeit.«
(Davy Crockett)

Als ich vor fast zwanzig Jahren erstmals begann, mich »aktiv« mit grenzwissenschaftlichen Themen zu befassen, ahnte ich nicht, wohin mich dies alles noch führen würde – letzten Endes nämlich zu diesem Buch, das nun Ihnen, dem geneigten Leser, vorliegt. Hätte mir damals, vor zwanzig Jahren, jemand gesagt, dass ich einmal ein Buch schreiben würde, ich hätte ihn schlichtweg ausgelacht.

Nun, das Lachen ist mir zwar nicht vergangen, doch durfte ich seitdem Bekanntschaft mit dem »Gesetz der Resonanz« sowie etlichen »Synchronizitäten« schließen. Plötzlich hatte ich mit Leuten zu tun, die sich ebenfalls für UFOs, Zeitanomalien, Prä-Astronautik und ähnliche Gebiete interessierten. Da gab es Personen, die mir angeblich geheime Dokumente eines UFO-Absturzes in Südafrika überließen, es kam zu Kontakten und Freundschaften mit den erfolgreichsten Autoren dieses Wissensgebietes und zudem allerhand seltsame Übereinstimmungen in den Lebensläufen verschiedener Beteiligter.

Durch diesen nunmehr intensiven Bezug zu allen nur denkbaren Bereichen der »Grenzwissenschaften«, zu denen man übrigens auch die Reinkarnationslehre rechnet, kam ich letztendlich auf die Spur der größten Manipulation der Menschheit. Eine Manipulation, deren Ausgangspunkt eine Rasse bildet, welche nur ein Ziel hat: Die Übernahme des Planeten Erde!

Geschockt? Verwirrt? Erstaunt?

Nun, wenn Sie dieses Buch zu Ende gelesen haben, werden Sie verstehen, warum die Erstauflage 2004 erschienen ist. Dieses Buch musste warten bis nach dem 12. August 2003!

Viele der hier beschriebenen Vorgänge kann man mit Quellen belegen, andere nicht. Der Grund hierfür ist einerseits Rücksichtnahme auf

»Quellen«, die ungenannt bleiben wollen, und andererseits der Rückgriff auf Erfahrungen, welche für den oberflächlich vor sich hinlebenden Materialisten nicht nachvollziehbar sind.
An dieser Stelle ist es mir ein Verlangen, eine Person namentlich zu erwähnen, ohne welche dieses Buch »so« nicht erschienen wäre. Mein großer Dank geht an Andreas von Rétyi, der sich als Lektor zur Verfügung stellte.

Sie halten nun die aktualisierte und erweiterte Neuauflage des Buches in Ihren Händen. Wir schreiben mittlerweile das Jahr 2015 und die Welt hängt ganz offensichtlich „wie zwischen zwei Stühlen" fest. Noch ist unklar was uns in den nächsten Jahren erwartet. Allerdings besteht noch Hoffnung. Die Menschheit steht zur Zeit vor der größten Entscheidung seiner Geschichte...
Vielleicht hat es ja seinen Grund, warum dieses Buch dort geschrieben wurde, wo dieser ganze unfassbare Vorgang seinen Anfang nahm: in Bayern.
Allerdings beginnt unsere »Reise« in die Welt der Zeitreisen, außerirdischen Mächte und Manipulationen an einem ganz anderen Ort, nämlich den USA....

Oliver Gerschitz
(irgendwann nach dem 12. August 2003)

1. Carlos Miguel Allende – Der Auslöser

»Beachtet nicht den Mann hinter dem Vorhang.«
(Frank L. Baum, Der Zauberer von Oz)

Während der dreissiger Jahre, als in den USA die wirtschaftliche Depression auch den Staat zum Sparen zwang, waren viele Akademiker mit der Situation konfrontiert, sich andere Betätigungsfelder zu suchen. Einer von ihnen, ein junger Astrophysiker, wurde dem amerikanischen Landwirtschaftsministerium zugeteilt und mit der Aufgabe betraut, in Brasilien »die Rohgummivorkommen im Quellgebiet des Amazonas« zu studieren. Nach seiner Rückkehr aus Südamerika arbeitete der Wissenschaftler als Fotograf bei einer archäologischen Expedition zu Studien der Maya-Tempelruinen in Mexiko sowie der Ruinen der Vorinkazeit in Peru. Und genau dort, in Peru, wurde ihm schlagartig klar, dass diese Ruinen aufgrund der massiven Größe und der Genauigkeit der Bauausführung nie und nimmer ohne hochtechnische Geräte entstanden sein konnten. Der Name dieses Wissenschaftlers war Morris Ketchum Jessup, und diese Entdeckung erwies sich als schicksalhafter Wendepunkt in seinem Leben.

Morris Ketchum Jessup, ein Astrophysiker entdeckte „Geheimnisvolles".

Die Erfahrung aus Peru ließ Jessup keine Ruhe mehr, und so entschloss er sich Anfang der fünfziger Jahre, seine akademische Karriere ruhen zu lassen, um seine Forschungen auf eigenes Risiko fortzusetzen. Während seiner Studien alter Kulturen im Hochland von Mexiko entdeckte er eine äußerst merkwürdige Anzahl von »Kratern« in besagter Gegend. Jessup fand mindestens zehn davon und kam zu der überraschenden Feststellung, dass diese Gebilde von »Objekten aus dem Weltraum« stammen müssen. Später behauptete Jessup diesbezüglich, dass die US-Luftwaffe im Besitz von Luftaufnahmen jener Krater sei, Bildern allerdings, die höchster Geheimhaltung unterliegen. Im Jahre 1954 musste Morris K. Jessup allerdings aufgrund seiner schlechten finanziellen Lage in die USA zurückkehren.

Das Phänomen der »Fliegenden Untertassen« war zu dieser Zeit in den Vereinigten Staaten aufgrund vieler Sichtungen und Zwischenfälle topaktuell, und Morris Jessup begann nun, sich intensiv für das Thema zu interessieren. Jessup vermutete Zusammenhänge zwischen den Ruinen in Südamerika, seinen »Kratern« und diesen möglichen »Raumschiffen«. So entschloss er sich, aufgrund seiner wissenschaftlichen Kenntnisse und auch, um seine finanzielle Situation etwas aufzubessern, ein Buch zu schreiben, das eine wissenschaftliche Erklärung für diese »UFOs« und deren Antriebe anbot.

Zu dieser Zeit wohnte Jessup in der Nähe von Washington D.C. Nach einem halben Jahr harter Arbeit erschien am 13. Januar 1955 sein Buch »The case for the UFO«, was soviel heißt wie »Was für die UFOs spricht«.

Jessup´s Buch „The case for the UFO" brachte eine Lawine ins Rollen.

Großes Interesse zeigte Jessup bezüglich der Antriebskraft der UFOs. Seiner Meinung nach nutzten diese Objekte das »universelle Gravitationsfeld» als Energiequelle.

Im Buch und bei seinen zahlreichen Vorträgen im ganzen Land appellierte Jessup immer wieder an die Öffentlichkeit, die Regierung zu drängen, unbedingt Forschungen in Richtung »Gravitation« und »elektromagnetische Antriebe« in Gang zu setzen. Das Buch verkaufte sich so gut, dass im Frühherbst 1955 noch eine Bantam-Paperbackausgabe erschien. Mitte Oktober erhielt der Autor dann überraschend einen äußerst seltsamen Brief. Dieses spezielle Schreiben war in Pennsylvania abgestempelt worden und in einer nervösen, kritzeligen Handschrift mit verschiedenartigen und verschiedenfarbigen Stiften und einem ungewöhnlichen Stil geschrieben. Der Inhalt des Briefes passte sehr gut zu der äußerst seltsamen äußeren Form. Als Verfasser des Schreibens erwies sich ein gewisser »Carlos Miguel Allende«. Er ging besonders auf die Teile des Buches ein, die von sogenannter Levitation in der Vorzeit handelten. Levitation – das Heben von schweren Objekten durch Überwindung der Schwerkraft. Allende bestätigte diese Vermutung Jessups und erklärte sogar, dass die Anwendung von Levitation hier auf der Erde einst ein »allgemein bekannter Vorgang« gewesen sei.

Jessup war sich bezüglich dieses Briefes nicht klar, ob dessen Urheber geistig minderbemittelt war oder aber vielleicht doch ein Insider. Auf alle Fälle war die Neugierde des Forschers geweckt. Also bat er um nähere Einzelheiten. Jessup schickte eine Erwiderung an jenen mysteriösen Senior Allende. Als nach einigen Monaten noch immer keine Antwort eintraf, rückte die Geschichte allmählich in den Hintergrund und Morris Jessup machte sich an die Arbeit für ein zweites Buch zum Thema »UFO«. Außerdem intensivierte er seine Vortragsreisen und beeindruckte das Publikum weiterhin mit der dringenden Forderung nach einem Forschungsprogramm der Regierung auf dem Gebiet der Anti-Schwerkraft. Er ging sogar so weit, seine Zuhörer aufzufordern, sich »in Massen« an ihren Gesetzgeber zu wenden, um endlich etwas zu bewirken. Höchstwahrscheinlich war Carlos Miguel Allende, der mysteriöse Briefschreiber, bei einem dieser Vorträge zugegen, was einen weiteren äußerst ungewöhnlichen Brief zur Folge hatte. Morris K. Jessup, der zu dieser Zeit in Miami/Florida lebte, erhielt diesen Brief am 13. Januar 1956, auf den Tag genau ein Jahr nach Erscheinen seines Buches „The Case for the UFO". Allerdings wurde dieser zweite Brief in Texas aufgegeben. Da dieses Schreiben äußerst wichtige Informationen bezüglich des später bekanntgewordenen »Philadelphia-Experiments« enthält, werde ich ihn nachfolgend ungekürzt und im Originalstil Allendes wiedergeben:

Carlos Miguel Allende
R.D. No. 1 Box 223
New Kensington, Penn.

Mein lieber Dr. Jessup,

Ihre Anrufung der Öffentlichkeit, ihre Repräsentanten en masse in Bewegung zu setzen und derart genug Druck auf die rechten & ausreichenden Stellen auszuüben, damit sie ein Gesetz zur Untersuchung von Dr. Albert Einsteins Einheitlicher Feldtheorie (1925-27) erlassen, IST überhaupt NICHT notwendig. Es möge Sie interessieren zu erfahren, dass der gute Doktor bei der Zurückziehung dieses Werkes nicht so sehr von der Mathematik beeinflusst war als sehr viel mehr von Humanik.

Das Ergebnis seiner späteren Berechnungen, die er striktest zu seiner eigenen Erbauung & Unterhaltung über Zyklen von Zivilisation & Fortschritt des Menschen im Vergleich zum Wachstum des allgemeinen Gesamtcharakters durchführte, empörte ihn. Darum wird uns heute »erzählt«, dass diese Theorie »unvollendet« war.

Dr. B. Russell behauptet privat, dass sie vollendet ist. Er sagt auch, dass der Mensch nicht reif dafür ist & nicht bis nach dem III. WK sein wird. Nichtsdestoweniger, die »Resultate« eines Freundes, Dr. Franklin Reno, WURDEN BENUTZT. Diese waren eine vollständige Wiederdurchrechnung jener Theorie, mit Hinblick auf alle & jegliche schnellen Verwendungsmöglichkeiten, falls in sehr kurzer Zeit durchführbar. Es waren überdies gute Resultate, soweit es eine gruppentheoretische Wiederdurchrechnung UND soweit es ein gutes physikalisches »Resultat« betrifft. JEDOCH FÜRCHTET SICH DIE MARINE, DIESES RESULTAT ZU BENUTZEN! Das Resultat war und ist heute der Beweis, dass die Einheitliche Feldtheorie bis zu einem gewissen Grad richtig ist. Jenseits dieses gewissen Grades wird keine Person, die bei rechten Sinnen ist oder überhaupt irgendeinen Sinn hat, jemals mehr zu gehen WAGEN. Es tut mir leid, dass ich Sie mit meinem vorigen Sendschreiben irreführte. Es stimmt, dass solch eine Form von Levitation wie beschrieben vollbracht wurde. Es ist ebenso eine sehr häufig beobachtete Reaktion gewisser Metalle auf gewisse einen Strom umgebende Felder, und dieses Feld wird daher zu dem Zweck benutzt. Hätte sich Farraday mit dem einen elektrischen Strom umgebenden magnetischen Feld befasst, würden wir heute NICHT existieren, ODER FALLS wir existieren, hätte unsere gegenwärtige geopolitische Situation nicht diese zeitbombische, der Zerstörung entgegentickende Atmosphäre, die jetzt existiert. Schon gut, schon gut! Das »Resultat« war völlige Unsichtbarkeit eines Schiffes vom Typ eines Zerstörers, auf See UND seiner GESAMTEN Besatzung (Oktober 1943). Das Magnetfeld wies die Form eines Rotationsellipsoids auf und erstreckte sich 100 Meter (mehr oder weniger, je nach der jeweiligen Position des Mondes und Längengrades) weit nach beiden Seiten des Schiffes. Alle Personen, die sich in diesem Feld befanden, wiesen nur noch verschwommen erkennbare Umrisse auf, nahmen aber all jene wahr, die sich an Bord dieses Schiffes befanden, im offensichtlich selben Zustand und außerdem so, als gingen oder ständen sie in der Luft. Jede Person außerhalb des Magnetfeldes konnte überhaupt nichts sehen, nur den SCHARF ABGEGRENZTEN ABDRUCK DES SCHIFFSRUMPFES IM WASSER, vorausgesetzt natürlich, dass die betreffende Person sich nahe genug, aber doch knapp außerhalb des Magnetfeldes befand. Warum ich Ihnen das heute erzähle? Ganz einfach: Falls Sie den Verstand verlieren wollen, enthüllen Sie diese Information. Die Hälfte der Offiziere und Besatzungsmitglieder jenes Schiffes ist momentan total verrückt. Einige werden sogar heute noch in gewissen Anstalten festgehalten, wo sie geschulte wissenschaftliche Hilfe erhalten, wenn sie entweder »abschweben«, wie sie es nennen, oder »abschweben und steckenbleiben«. Das »Abschweben«, das eine Nachwirkung bei den Besatzungsmitgliedern ist, die sich zu lange in dem Magnetfeld aufhielten, ist keineswegs ein unangenehmes Erlebnis für Seeleute mit einer gesunden Neugier. Das wird es jedoch, wenn sie dabei »steckenbleiben«; sie bezeichnen es dann als »Hölle KG«. In diesem Zustand kann der davon betroffene Mann sich nicht mehr aus eigener Willenskraft bewegen, wenn ein oder zwei seiner Kameraden, die sich mit ihm in dem Magnetfeld befinden, nicht schnell zu ihm gehen und ihn berühren, da er sonst »einfriert«. Wenn ein Mann »einfriert«, wird seine Position sorgfältig markiert und dann das Magnetfeld abgeschaltet. Alle außer dem »Eingefrorenen« können sich nun bewegen, sich wieder über ihren SCHEINBAR feststofflichen Körper freuen. Dann muss das Besatzungsmitglied mit der kürzesten Zugehörigkeitszeit zu der Stelle gehen, an der er das Gesicht oder eine nackte, nicht vom Uniformstoff bedeckte Hautstelle des »Eingefrorenen« findet.

Manchmal dauert es nur eine Stunde oder etwas länger, manchmal eine ganze Nacht und einen ganzen Tag lang, und einmal dauerte es sogar sechs Monate, um einen Mann »aufzutauen«.

DIESES »EINFRIEREN« WAR NICHT PSYCHOLOGISCH. Es ist das Resultat eines Hyperfeldes, das IM Feld des Körpers gebildet wird, während das »Schmor«-Feld eingeschaltet ist & zwar gründlich ODER bei einem alten Praktikus.

Ein höchst kompliziertes Gerät musste konstruiert werden, um die »Echt Eingefrorenen« und die »Tief Eingefrorenen« zurückzuholen. GEWÖHNLICH WIRD EIN »TIEF EINGEFRORENER« MANN TOLL, REDET WIRR, TOBT, WIRD VERRÜCKT, wenn sein »Einfrieren« mehr als einen Tag nach unserer Zeit dauert.

Ich spreche von ZEIT, aber...»Eingefrorene« empfinden den Zeitablauf nicht wie wir. Sie gleichen Menschen im Dämmerzustand, die zwar leben, atmen, hören, sehen und fühlen, aber doch so vieles nicht wahrnehmen, dass sie wie in einer Art Unterwelt dahinvegetieren. Ein Mensch, der auf »normale« Weise erfriert, ist sich der Zeit bewusst, manchmal sogar qualvoll genau. Diese Männer empfinden die Zeit jedoch nie so wie Sie oder ich. Für die Wiederherstellung des ersten »Tiefgefrorenen« brauchte man, wie gesagt, sechs Monate lang. Die dafür benötigten elektronischen Geräte und ein besonderer Liegeplatz für das Schiff kosteten außerdem 5 Millionen Dollar. Wenn Sie in der Nähe oder am Philadelphia-Marinehafen eine Gruppe von Seeleuten sehen, die ihre Hände auf einen Kameraden ODER auf »Luft« legen, schauen Sie sich die Finger des armen Mannes an. Falls sie wie in einer Hitze-Luftspiegelung zu beben scheinen, GEHEN SIE SCHNELL HIN, legen Sie ihm ihre Hände auf, DENN DIESER MANN IST DER VERZWEIFELSTE MENSCH DER WELT. KEINER DIESER MÄNNER MÖCHTE JEMALS WIEDER UNSICHTBAR WERDEN. Ich glaube, es muss nicht weiter ausgeführt werden, weshalb der Mensch noch nicht für die Arbeit mit Kraftfeldern reif ist.

Diese Männer benutzen Ausdrücke wie »im Fluss hängenbleiben« (oder im »Schub«) oder »im Gemüse« oder »im Sirup stecken« oder »ich schwirrte los«, um einige der noch Jahrzehnte später auftretenden Nachwirkungen des Kraftfeldexperimentes zu beschreiben. »Im Fluss hängenbleiben« schildert genau das »Im-Sirup-stecken«-Gefühl eines Mannes, der entweder »tieffriert« oder nur »einfriert«. »Im Schub hängenbleiben« beschreibt, was ein Mann flüchtig empfindet, wenn er im Begriff ist, entweder ungewollt »abzuschweben« – d.h. unsichtbar zu werden – ODER im Zustand des »Tieffrierens« oder »Einfrierens« »steckenzubleiben«.

Es sind nur noch sehr wenige von der Besatzung übrig, die dieses Experiment mitmachten... Die meisten wurden wahnsinnig, einer verschwand einfach »durch« die Wand seines Quartiers vor den Augen seiner Frau und seines Kindes, und zwei andere Besatzungsmitglieder (wurden nie wieder gesehen), zwei »gingen in die Flamme«, d.h. sie »froren ein« und fingen Feuer, als sie kleine Bootskompasse trugen; ein Mann trug den Kompass und fing Feuer, und der andere eilte zu ihm, da er ihm am nächsten war, um ihm »die Hände aufzulegen«, aber er fing ebenfalls Feuer. Sie brannten 18 Tage lang. Der Glaube an die Wirksamkeit der Handauflegetechnik wurde durch diesen Unfall zerstört, und die Männer wurden scharenweise wahnsinnig. Das Experiment als solches war ein voller Erfolg. Auf die Besatzung wirkte es sich verhängnisvoll aus.

Suchen Sie in den Zeitungen von Philadelphia nach einem winzigen Absatz (obere Blatthälfte, nahe dem hinteren Drittel der Zeitung, 1944/46 im Frühjahr, Herbst oder Winter, NICHT im Sommer) in einer Notiz über die Taten der Seeleute nach ihrer ersten Reise. Sie überfielen ein Lokal bei der Marinewerft, die »Seamen´s Lounge« & verursachten bei den Kellnerinnen Schocks & Ohnmacht, so dass aus ihnen wenig Verständliches herauszubringen war, außer jenem Absatz & der Schreiber davon glaubt es nicht , & sagt »Ich habe nur geschrieben, was ich aufgeschnappt habe & diese Damen sind bescheuert. Also habe ich nur eine Gute-Nacht-Story zusammengebracht.«

Überprüfen Sie die Besatzung des Beobachterschiffes, Matson-Linie, Liberty-Schiff, Heimathafen Norfolk (die Gesellschaft KÖNNTE das Logbuch für jene Reise haben oder die Küstenwache hat es), die S.S. Andrew Furuseth, Erster Offizier Mowsely (werde den Namen des Kapitäns später sicherstellen) (Mannschaftsliste ist im Logbuch). Ein Besatzungsmitglied Richard Price oder »Splicey« Price könnte sich an andere Namen der Deckmannschaft erinnern

(Küstenwache hat Aufzeichnungen über Seeleute, denen »Papiere« ausgestellt wurden). Mr. Price war im Oktober 1943 achtzehn oder neunzehn & lebt oder lebte damals in seinem alten Familienhaus in Roanoke, VA., einer kleinen Stadt mit einem kleinen Telefonbuch. Diese Männer waren Augenzeugen, die Männer dieser Mannschaft. Connally aus New England (Boston?) könnte Zeuge gewesen sein, aber ich bezweifle es (Schreibweise könnte falsch sein). Er WAR Zeuge. Ich bitte Sie, dieses bisschen Nachforschungen anzustellen, damit Sie an Ihrer eigenen Zunge ersticken, wenn Sie daran denken, was Sie »zum Gesetz Machen« gedrängt haben.

Missachtungsvoll Ihr
Carl M. Allen

P.S. Würde gerne mehr helfen, wenn sie mir sagen können, womit. (Z416175)

Soweit der zweite Brief Allendes an Jessup, der interessanterweise nicht mit »Carlos Miguel Allende« sondern »Carl M. Allen« unterzeichnet war. Doch der Enthüllungen gab es noch mehr! Einige Tage später erhielt Morris Jessup noch ein »Ergänzungsschreiben« von (jetzt) Carl M. Allen. Darin erklärte er, die Marine habe weder gewusst, dass die Menschen an Bord des Schiffes durch die Nebenwirkungen des Energiefeldes sterben könnten, noch sei klar gewesen, dass die Matrosen danach auch »unsichtbar« werden, wenn sie nicht auf dem Schiff und unter dem Feldeinfluss standen. Weiter teilte er mit, dass es noch schlimmer sei zu begreifen, wie Matrosen einfach ins »Nichts« hineingingen und nie wieder auftauchten.
Anschließend ließ Allende alias Allen verlauten, dass das besagte Versuchsschiff von seinem Dock in Philadelphia verschwunden und nur wenige Minuten später an seinem anderen Dock bei Norfolk wieder aufgetaucht sei. Das Schiff sei in Norfolk deutlich identifiziert worden, dann aber wieder verschwunden und schließlich erneut an seinem Platz im Marinehafen von Philadelphia aufgetaucht.

Der Marinehafen von Norfolk. Hier soll die Eldridge nach ihrem verschwinden kurz aufgetaucht sein. (Foto: National Archives)

Teleportation eines ganzen Schiffes? Verschwindende Mannschaftsteile? Unsichtbarkeitsexperimente?

Der Überlieferung nach war Jessups erste Reaktion, jene Briefe als verschrobene Machwerke eines Sonderlings abzutun. Doch laut dem amerikanischen Autor Vincent Gaddis hielt Jessup es trotzdem für möglich, dass der Schreiber der Briefe einen übertriebenen Bericht tatsächlicher Ereignisse abgegeben habe.

Wenn Allende allerdings nichts als ein Lügner war, warum enthielten seine Briefe dann so viele Einzelheiten über Namen, Orte und Vorgänge? Morris K. Jessup war verwirrt, erkannte aber sehr schnell, dass er hier einer Sache auf der Spur war, die mit äußester Dringlichkeit behandelt werden musste.

Per Postkarte verlangte er von Allende/Allen »sofort« Beweismaterial, das seine Angaben zu dem Schiffsexperiment belegen konnte. Aber erst fünf Monate später meldete sich Allende wieder brieflich bei Jessup und liefer-

te darin weitere Anhaltspunkte. Und er schrieb auch darüber, dass er sich möglicherweise unter Verwendung von Hypnose und Wahrheitsserum an weitere Details erinnern könne. Dieser Brief Allendes schloss mit einer interessanten Feststellung: »Vielleicht hat die Marine diesen Transportunfall schon benutzt, um Ihre UFOs zu bauen. Unter jedem Blickwinkel ist das ein logischer nächster Schritt. Was meinen sie???«
Wie man sich jetzt schon denken kann, wurde der Brief nicht mit »Carlos M. Allende« unterschrieben, sondern mit »Carl Allen«.
Als Jessup diesen neuesten Brief las, war er wieder hin- und hergerissen zwischen der Aussicht auf die großartigste Geschichte des Jahrzehnts und dem Risiko, andererseits vielleicht einer geschickt inszenierten Lügengeschichte aufzusitzen. Es ist leider nicht bekannt, ob Jessup jemals eine Antwort auf diesen dritten Brief verfasst hat. Aber zu dieser Zeit erregte noch ein anderes Projekt die Aufmerksamkeit des Forschers: Jessup plante eine Reise nach Mexiko, um endlich die dortigen mysteriösen »Krater« genauer erforschen zu können, die ihn schon so lange interessierten.
Doch dann wurde Jessup von einer Geschichte überrascht, die ihren Anfang schon ein paar Monate vor dem Eintreffen des ersten Allende-Briefes nahm. Ende Juli oder Anfang August 1955 ging bei Admiral N. Furth, dem Chef des Marineforschungsbüros (ONR = Office of Naval Research) in Washington ein kleines Päckchen ein, das den Poststempel von Seminole, Texas, trug und auf dem diagonal über der Vorderseite ganz lapidar »Frohe Ostern« gekritzelt stand. Das Päckchen enthielt lediglich ein Exemplar der Paperback-Ausgabe von Jessups Buch »The Case for the UFO« und trug keinen Absender. Major Darrell L. Ritter, der das Päckchen öffnete, fiel bei der Begutachtung des Buches sofort auf, dass es viele verwirrende handschriftliche Randbemerkungen und Unterstreichungen in mindestens drei verschiedenen Farben enthielt. Bei der Lektüre des Buches wurde Major Ritter in ziemliches Erstaunen versetzt, denn die Randbemerkungen schienen Erklärungen für das in Jessups Buch erörterte rätselhafte Verschwinden von Schiffen, Flugzeugen und Menschen zu liefern. Außerdem erklärten sie den Ursprung der vielen sonderbaren Stürme und Wolken, vom Himmel fallende Objekte, seltsame Zeichen und Fußabdrücke sowie

andere Phänomene, über die Jessup in seinem Buch berichtet hatte. Die sonderbaren Randbemerkungen erwähnten auch Städte auf dem Meeresgrund und im Zusammenhang damit zwei Gruppen wahrscheinlich außerirdischer Lebewesen, die »LMs« und die »SMs«, von denen nur erstere Spezies als freundlich anzusehen sei. Zudem waren die dazugekritzelten Anmerkungen mit auffallenden, recht mysteriös wirkenden Ausdrücken durchsetzt, wie zum Beispiel Mutterschiff, Heimschiff, Große Rückkehr, Großer Krieg, Kleinmänner, Schwerkraftfelder, Magnetnetz und so weiter.

Major Ritter gab das Buch einige Monate später an zwei Offiziere des ONR weiter – Commander George W. Hoover und Captain Sidney Sherby. Beide interessierten sich für Antischwerkraftforschung. Hoover und Sherby waren von den geheimnisvollen Randbemerkungen derart fasziniert, dass sie einen Großteil ihrer Zeit dafür opferten, herauszufinden, was an der Sache nun wirklich dran sein konnte. Letztendlich schrieben sie einen Brief an niemand anderen als den Verfasser von »The case for the UFO« – Morris K. Jessup – und luden ihn zu Besprechungen über sein Buch in das ONR nach Washington ein. Die beiden Offiziere erklärten Jessup bei diesem Besuch, dass sie das Buch anonym zugesandt bekommen hatten. Daraufhin baten sie den Forscher, sich sein eigenes Buch einmal genau anzusehen, und fragten ihn, ob er denn eine Idee habe, wer diese Randbemerkungen hinzugefügt haben könnte. Wie der bereits weiter oben erwähnte Autor Vincent Gaddis berichtete, »wurde Morris Jessup zusehends verstörter, als er die Anmerkungen durchging, denn immer mehr Kommentare bezogen sich auf Dinge, von denen er zwar gehört, aber in seinem Buch nichts erwähnt hatte. Jessup war verunsichert!«
Bei der Durchsicht des Buches fiel ihm aber auf, dass dort immer wieder von einem Geheimprojekt der Marine aus dem Jahr 1943 die Rede war. Schlagartig wurde Jessup klar, dass Carlos Miguel Allende alias Carl Meredith Allen damit zu tun haben musste. Sogleich erklärte er den beiden Marineoffizieren, dass er mindestens zwei Briefe »eines der Kommentatoren« in seinem Besitz habe. Commander Hoover machte daraufhin deutlich, dass es für ihn äußerst wichtig sei, diese Briefe zu sehen, was

wohl zu einem späteren Zeitpunkt auch geschehen ist. Angeblich soll Jessup insgesamt dreimal beim ONR gewesen sein. Der Marine war diese Sache allem Anschein nach sehr wichtig. So wichtig, dass man das mit den Anmerkungen versehene Buch sogar sehr aufwendig reproduzieren ließ. Es wurden genau 127 Kopien davon angefertigt. Das Buch bzw. die Kopien davon zirkulierten dann einige Zeit in Washingtoner Militärkreisen.

Aus der Umgebung von Morris Jessup hörte man, dass dieser über die bizarren Randbemerkungen in jenem Exemplar seines Werkes dermaßen beunruhigt war, dass sie ihm einen Schock versetzten. Dazu kamen noch andere Widrigkeiten: In diese Zeit fielen auch ein Autounfall und zermürbende Eheprobleme.

In der Zwischenzeit suchte die Marine im ganzen Land nach Carlos Miguel Allende. Man unternahm große Anstrengungen, die aber gänzlich erfolglos blieben.

Morris K. Jessup forschte weiter und hatte auch bald ein neues Manuskript beendet, das er am Abend des 20. April 1959 einem engen Vertrauten, einem gewissem Dr. J. Manson Valentine, zeigen wollte, bei dem er zum Essen eingeladen war. Doch Morris Ketchum Jessup kam nie dort an. Was war geschehen?

Carlos Miguel Allende: Ein Mysterium für sich.

Um etwa 18.30 Uhr entdeckte man den nur noch schwach atmenden Jessup, zusammengesunken über dem Lenkrad seines Wagens. Wenige Augenblicke später verstarb er als Opfer einer Kohlenmonoxydvergiftung, die nach »bewährter Methode« herbeigeführt worden war, indem man einen Schlauch über das Auspuffrohr des Wagens gestülpt und das Gas durch einen Fensterspalt ins Wageninnere geleitet hatte.

Ein typischer Selbstmord! Oder etwa nicht? Viele Jahre später wurde der Fall des Morris K. Jessup im Rahmen einer Fernsehproduktion über unerklärliche Mysterien in den USA nachgezeichnet und gesendet. Daraufhin meldete sich ein Anrufer, der »aus Angst um sein Leben« anonym bleiben wollte. Dieser Anrufer teilte Erstaunliches mit. Der Tod des Wissenschaftlers sei keineswegs ein Selbstmord gewesen, Morris K. Jessup sei von zwei Männern umgebracht worden. Der Anrufer gab an, zufällig in der Nähe von Jessups Wagen gewesen zu sein. Von seinem Beobachtungspunkt aus war es dem Zeugen möglich, das Verbrechen genau mitzuverfolgen. Man könnte also sagen, Jessup fiel einem »Selbstmord« zum Opfer.

Über den mysteriösen Briefschreiber, Carlos Miguel Allende, der möglicherweise durch seine Aktionen der Auslöser für die Tragödie um Jessup war, ist auch heute noch wenig bekannt. In den letzten Jahrzehnten unternahm man viele Anstrengungen, ihn aufzuspüren. Allerdings hatten nur wenige Menschen die Möglichkeit ihm tatsächlich gegenüberzustehen. Die Autoren Charles Berlitz und William Moore, auf deren Buch »Das Philadelphia-Experiment« ich später noch zu sprechen komme, behaupteten darin, Carl Meredith Allen alias Carlos Miguel Allende gefunden zu haben. Die beiden führten ein ausgiebiges Interview mit ihm, erhielten allerdings kaum neue Informationen. Dies ist nicht verwunderlich, denn ich bin davon überzeugt, dass niemand mehr den »echten« Carl Allen nach 1967 zu Gesicht bekommen hat. Da gab es Leute, die sich als Carl Allen ausgaben, so gut wie nichts Neues bezüglich der Geschichte um das Philadelphia-Experiment zu erzählen wußten und Carl Allen nicht einmal sehr ähnlich sahen. Interessanterweise besaß Carl Allen verschiedene Pseudonyme und war ständig »on the road«, wie man heutzutage sagen würde.

Bei den Nachforschungen bezüglich seiner Identität wurden folgende Sachverhalte aufgedeckt: Carl Meredith Allen wurde am 31. Mai 1925 in Springdale, Pennsylvania als das jüngste von fünf Kindern geboren. Er hatte einen irischen Vater und eine Zigeunermutter. Am 14. Juli 1942 trat er dem US-Marine-Corps bei und wurde dort am 21. Mai 1943 aus gesundheitlichen Gründen entlassen. Gleich darauf heuerte er bei der Handelsmarine an, in der er noch bis Oktober 1952 diente. Nach dieser Zeit galt er als »Herumtreiber«. Es gab Gerüchte, dass er Kontakte zu Dr. Edward U. Condon hatte, der als Leiter des staatlichen UFO-Forschungsprojektes fungierte – dem berühmt-berüchtigten »Condon Report«. Ich möchte an dieser Stelle besonders darauf hinweisen, dass Allen versuchte, den tatsächlichen Zeitpunkt des Philadelphia-Experimentes (12. August 1943) geheim zu halten.

Ganz ausdrücklich legte er sich auf den Oktober 1943 fest. Warum tat er dies, wenn er doch selbst dabei war? Im Hinblick auf all die Informationen die mir heute über das Nachfolgeprojekt des Philadelphia-Experimentes, auf welches im Verlauf dieses Buches noch genau eingegangen wird, zur Verfügung stehen, bin ich der festen Überzeugung, dass Carl Allen uns vor diesem Folgeprojekt bewahren wollte. Völlig gleich, was letztlich seine Intention war, ihm allein haben wir zu verdanken, dass die ersten Infor-

SERIAL NUMBER A103664

[illegible] NUMBER Z 416175

UNITED STATES DEPARTMENT OF COMMERCE

BUREAU OF MARINE INSPECTION AND NAVIGATION

CERTIFICATE OF SERVICE TO ABLE SEAMAN

This is to certify that Carl Meredith Allen
18 years of age, born in Pennsylvania having given satisfactory evidence to the undersigned United States Board of [illegible] Bureau of Marine Inspection and Navigation for the district of NEW YORK that he has had the experience required by law, to all of which proof is made by affidavit, and having passed the examination as to eyesight, hearing and physical condition, and the examination as to his efficiency, and having proved as a result of said examination that he has been trained in and is acquainted with the duties entitling him to the rating or certification as prescribed by the Department of Commerce, is hereby rated as an able seaman for service on Any Waters

Issued by the undersigned Board of Local Inspectors on this 7th day of March 44
Raymond A. [illegible]
(Acting) Officer in Charge, Marine Inspection.
Port of NEW YORK

Carl Meredith Allen

Auf den Seemann Carl Allen ausgestelltes Zertifikat mit der in seinen Briefen an Jessup genannten „Z"-Nummer.

mationen über das sogenannte »Philadelphia-Experiment« an die Öffentlichkeit gelangten. Ohne Carl Allen wüsste die Welt möglicherweise heute noch nichts davon. Und ohne diese Informationen wäre es wahrscheinlich auch nicht möglich gewesen, die größte Verschwörung die es bisher gab, eine Verschwörung gegen die gesamte Menschheit, zu enttarnen. Dafür sollten wir ihm dankbar sein.

Doch wie stellte sich das Projekt im Marinehafen von Philadelphia tatsächlich dar? Wie war der Ablauf der Geschehnisse am 12. August 1943?

2. Projekt Rainbow

»Der Weg zur Hölle ist mit guten Vorsätzen gepflastert!«
(George Herbert)

Heute gibt es bereits so viele Informationen bezüglich des sogenannten Philadelphia-Experiments, dass eine detaillierte Darstellung des gesamten Ablaufs kein großes Problem mehr ist. Ich halte es an dieser Stelle für absolut notwendig, den Gesamtverlauf des Projektes zu skizzieren, um Ihnen, lieber Leser, einen verständlichen Überblick zu verschaffen. Zu speziellen Aspekten des Experiments und deren Offenlegung werde ich mich in den darauffolgenden Kapiteln dieses Buches äußern.

Das sogenannte »Philadelphia-Experiment«, dessen tatsächliche Projektbezeichnung »Projekt Rainbow« war, hatte ursprünglich zum Ziel, ein Verfahren zu entwickeln, dass es Schiffen ermöglichen sollte, für feindliches Radar »unsichtbar« zu werden. Seine Wurzeln hatte das Projekt beim »Princeton Institute for Advanced Study« dem »Princeton Institut für fortgeschrittene Studien« in den USA. Allerdings fanden die ersten Forschungen bezüglich Konzepten zur Unsichtbarkeit von Menschen und Gegenständen in Chicago statt und wurden von drei spezialisierten Wissenschaftlern durchgeführt: Dr. John Hutchinson Senior, der damals Dekan der Universität in Chicago war, Nikola Tesla und Dr. Emil Kurtenauer. Dr. Kurtenauer, ein österreichischer Physiker, gehörte zum Stab der Universität Chicago. Die Möglichkeiten bezüglich der »Unsichtbarkeit« wurden von diesen Wissenschaftlern über mehrere Jahre hinweg erforscht. Im Jahre 1933 wurde dann das bereits erwähnte »Institute for Advanced Study« in Princeton gegründet. Ab 1943 wurden dann die Forschungen und Arbeiten zum »Projekt Rainbow« von dort aus gesteuert. Einer der führenden Mitarbeiter war ein gewisser Dr. John Erich von Neumann, ein aus Ungarn kommender Deutscher. Auch Albert Einstein, jener legendäre Schöpfer der Relativitätstheorie, war in Princeton tätig und in das Projekt eingebunden. Einstein verließ Deutschland Ende des Jahres 1932 in die USA. Viele andere

Wissenschaftler arbeiteten im Laufe der Zeit am »Unsichtbarkeitsprojekt«. Auffallend ist allerdings, wie viele Deutsche oder Deutschstämmige dabei waren. Dies sollte man mit Blick auf den weiteren Verlauf dieser Dokumentation gut im Auge behalten.

Die Grundidee zu diesem gesamten Projekt war, ein Objekt (in diesem Fall ein Schiff) mit Hilfe von extrem starken, gepulsten Magnetfeldern unsichtbar zu machen. Man wollte mit diesen Feldern eine Art elektromagnetische Flasche oder Abschirmung um das gesamte Schiff herum legen. Radarstrahlen und sichtbares Licht wären dabei so stark gebeugt worden, dass das Schiff selbst unter dieser »Tarnkappe« verschwunden wäre.

Als das Projekt 1936 expandierte, war Nikola Tesla bereits dessen Leiter. Schon 1936 wurde ein erster Test durchgeführt, bei dem immerhin eine partielle Unsichtbarkeit für Radar gelang. Durch diesen Teilerfolg angespornt, stellte die US-Marine weitere Forschungsgelder zur Verfügung. Bis 1939 kamen noch zahlreiche Wissenschaftler aus Deutschland in die Vereinigten Staaten – Forscher, die ebenfalls in das Projekt integriert wurden. 1940 entschied man sich dann für einen ersten größeren Test im Marinehafen von Brooklyn. Dabei hatte das Versuchsschiff jeweils einen kleineren Tender steuerbord und backbord liegen. Der erste Tender stellte die Energie für das Versuchsschiff zur Verfügung, während der andere den Antrieb für die Spule unterstützte. Beide »kleineren Schiffe« waren über Kabel mit dem Versuchsschiff verbunden, damit man den Test durch das Kappen der Kabel abbrechen konnte, sobald sich ein Problem einstellte. Doch der Test funktionierte und wurde als voller Erfolg gewertet. Hierbei ist es außerordentlich wichtig zu wissen, dass der Test ohne Besatzung durchgeführt wurde. Für das Verständnis der Vorgänge am 12. August 1943 in Philadelphia ist dieser Umstand von größter Wichtigkeit.

Nach diesem Test stieß dann auch der Physiker Thomas T. Brown zum Forschungsstab des »Projekt Rainbow«. Die Navy wünschte, dass mehrere Leute die Tests im Auge behalten sollten. Wichtig für die weitere Entwicklung war auch Teslas frühere Bekanntschaft zu dem deutschen Mathematiker Dr. David Hilbert. Dr. Hilbert stellte die Gleichungen zum nach ihm benannten »Hilbert-Raum« auf, die den multiplen Raum und

multiple Realitäten mathematisch beschrieben. Diese Gleichungen hatten für die Forschungen zum »Projekt Rainbow« große Bedeutung. Aufgrund des Erfolges jenes Tests in Brooklyn entschied die Marine, dem Projekt unbegrenzte finanzielle Unterstützung zukommen zu lassen. Gleichzeitig wurde es als »geheim« klassifiziert.
Als neues Testgelände wurde der gesperrte Teil des Marinehafens in Philadelphia ausgewählt.

Im Jahr 1942 bekam Nikola Tesla zur Durchführung eines weiteren Versuchs ein Kriegsschiff samt Mannschaft zur Verfügung gestellt. Aber bereits zu diesem Zeitpunkt kam es zu Auseinandersetzungen zwischen Tesla und John von Neumann. Tesla war davon überzeugt, dass es bei einem Test mit Besatzung ernsthafte Probleme für die Personen an Bord geben

Die Marinewerft von Philadelphia während des zweiten Weltkrieges. (Foto: National Archives)

würde. Tesla forderte daher von der Marineführung mehr Zeit für zusätzliche vorbereitende Forschungen, was man aber ablehnte. Nikola Tesla behauptete zu dieser Zeit auch immer wieder, Kontakt mit einer außerirdischen Rasse zu haben. Diese Außerirdischen warnten ihn eindringlich vor einem Test mit Personal, da es Schwierigkeiten mit den Menschen an Bord geben würde. Daraufhin sabotierte Tesla das Projekt, ein Test schlug fehl, und ab sofort übernahm John von Neumann das »Kommando«. Von Neumann fahndete nun nach dem Grund für den fehlgeschlagenen Test und verlangte von der Marine wiederum mehr Zeit sowie ein neues Schiff. Dieser Forderung wurde in Form der »U.S.S. Eldridge« nachgekommen, die mit der Codebezeichnung »DE 173« bei der Marine gelistet war. Das neue Schiff musste von oben bis unten speziell ausgerüstet werden.

Nikola Tesla. Er sah Probleme für die Besatzung der Eldridge voraus. (Foto: National Archives)

Die U.S.S. Eldridge, aufgenommen am 12. September 1943. (Foto: National Archives)

Bild der 33 Personen umfassenden Testmannschaft des Philadelphia-Experiments vom Dezember 1942. Zusätzlich mit auf dem Bild (erste Reihe Mitte): Alexander Duncan Cameron Sen. (Foto: Al Bielek)

Im Oktober 1942 wählte man exakt 33 Freiwillige als Mannschaft für das Schiff aus.

Die Aktion nahm ihren Lauf: Im Mai 1943 ließ John von Neumann den dritten Generator im Schiff installieren; der erste Test fand dann am 22. Juli 1943 statt. Dabei wurde die Eldridge sowohl für das Radar als auch für das menschliche Auge unsichtbar. Allerdings war die Mannschaft nach dem fatalen Versuch gänzlich desorientiert. Für die darauf folgenden Experimente musste also eine neue Crew rekrutiert werden. Aus diesem Grund verlangte jetzt auch von Neumann mehr Zeit von der Marine. Daraufhin folgte der Befehl von der Marineführung, dass der letzte Termin für den entscheidenden Test der 12. August 1943 sei. Aufgrund der Gesamtzusammenhänge, in die das Experiment eingebettet ist, kann man aber davon ausgehen, dass dieser spezifische Termin, der »12. August 1943« von Entscheidungsträgern noch oberhalb der Marineführung festgelegt worden war. Von Neumann wurde mitgeteilt, dass man lediglich Radarunsichtbarkeit wünsche und nicht mehr. Sechs Tage vor diesem Termin erschienen zur Verwunderung aller Beteiligter drei UFOs über der Eldridge und tauchten dann bis zur Durchführung des Experiments immer wieder auf.

Am 12. August 1943 war es dann soweit. Der Test begann. Eine Minute lang verlief alles nach Plan. Man konnte den Umriss des Schiffes im Wasser sehen; dann entwickelte sich um das komplette Schiff herum ein seltsam leuchtender grüner Nebel. Plötzlich durchzuckte ein blauer Blitz die ge-

Die letzte Besprechung an Bord der Eldridge vor dem Experiment. (Foto: Al Bielek)

spenstische Szenerie und das Schiff war vollständig verschwunden. Ziemlich genau zur gleichen Zeit tauchte es in seinem zweiten Heimathafen in Norfolk kurzzeitig auf und verschwand nach ein paar Minuten auch hier wieder auf mysteriöse Weise. Doch so kurz es nur sichtbar war, jenes phantomgleiche Schiff wurde von Zeugen eindeutig und unzweifelhaft als die »Eldridge« identifiziert. In Philadelphia blieb man geradezu fassungslos zurück. Auch ließ sich keinerlei Funkverbindung zu dem Schiff herstellen. Wie später bekannt wurde, befand sich die Eldridge während jener Momente in einer Art Hyperraum. Die Matrosen an Bord des Schiffes verloren jegliche Orientierung. Einige liefen verstört an Deck herum, andere warfen sich auf den Boden. Ein paar Besatzungsmitglieder stürzten sich in blanker Verzweiflung sogar von Bord. Nach ungefähr drei Stunden tauchte das Schiff dann wieder an seinem Ausgangspunkt im Marinehafen von Philadelphia auf: Ebenso

Der Marinehafen von Philadelphia. (Foto: National Archives)

plötzlich, wie sie verschwunden war, kehrte die Eldridge nun also von ihrer Phantomreise zurück.

Als die ersten Rettungskräfte der Marine dem Schiff näher kamen, bemerkten sie schon, dass einer der Stahlmasten gebrochen war. Bald darauf bot sich den Matrosen ein unglaublicher, grauenhafter Anblick. Da lagen Besatzungsmitglieder, die förmlich mit dem Stahl des Schiffes verschmolzen waren. Ihre Arme und Beine ragten aus dem Schiffsrumpf heraus; alptraumhafte Bilder, unerklärlich wie real, zeichneten sich vor dem entsetzten Bergungsteam ab. Und das fürchterlichste: Einige jener armen Versuchsopfer waren sogar noch am Leben – eingeschlossen im Stahl der Eldridge. Andere Mitglieder der Besatzung irrten völlig verwirrt und orientierungslos umher. Es wurde auch von Matrosen berichtet, die am ganzen Körper lichterloh brannten. Für die Besatzung der Eldridge also war das Experiment zur Reise in die Hölle geworden. Die Navy ließ die noch verbliebene Crew schnell »entsorgen« und weit aus dem Blickfeld der Öffentlichkeit schaffen. Viele der Opfer starben kurz nach dem Experiment oder landeten in der Nervenheilanstalt.

Nach viertägigen Konsultationen beschloss die Marine noch einen weiteren Test, diesmal ohne Bordmannschaft, der dann im Oktober 1943

Die U.S.S. Eldridge alias DE 173. (Foto: National Archives)

Nach dem Test im Oktober 1943 fehlten zwei Sendekabinen und ein Generator an Bord. (Foto: National Archives)

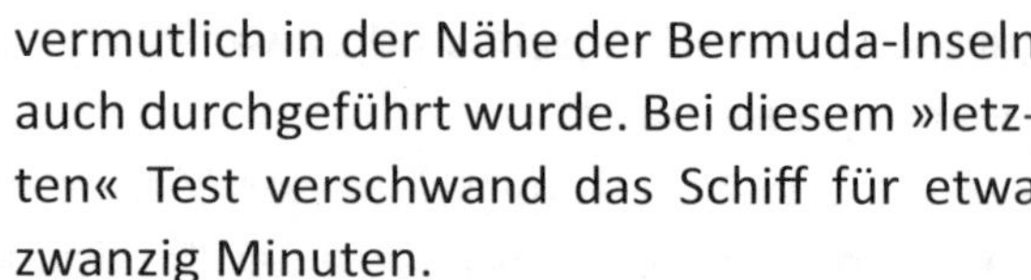

vermutlich in der Nähe der Bermuda-Inseln auch durchgeführt wurde. Bei diesem »letzten« Test verschwand das Schiff für etwa zwanzig Minuten.

Als es wieder auftauchte, bemerkte man, dass zwei Sendekabinen und ein Generator an Bord fehlten.

Wer hatte da am Schiff herummanipuliert, während es verschwunden war? Schließlich war doch keine Menschenseele an Bord verblieben. Wer also war es? Niemand kannte die Antwort. Doch schien sich hier etwas verselbständigt zu haben. An diesem Punkt stoppte die Marine das Projekt sofort und ließ die Eldridge abtakeln. Das Schiff diente dann im schon seit vier Jahren tobenden zweiten Weltkrieg und wurde nach dessen Ende an die griechische Marine verkauft.

Die Eldridge kurz vor der Übergabe an die griechische Marine. (Foto: National Archives)

Ihrer neuer Name dort: »Léon«. Der am Experiment beteiligte Al Bielek, von dem später noch ausführlich die Rede sein wird, brachte einmal zur Sprache, dass auf der »Léon« einige seltsame Dinge geschehen seien und die Griechen ihre liebe Mühe mit diesem Schiff hatten. Die Léon wurde dann im Jahr 2000 ausgemustert und in Griechenland verschrottet.

Wie bereits im vorangegangenen Kapitel erwähnt, wäre dieses Experiment ohne Carl

Allen alias Carlos Miguel Allende wahrscheinlich für immer unter dem Deckmantel der Geheimhaltung verborgen geblieben. Bis heute streitet die US-Marine ab, dass es je ein Philadelphia-Experiment oder »Projekt Rainbow« gegeben hat. Dazu ein interessantes Zitat aus einem Schreiben des US-Marineministeriums vom 23. Juli 1976:

Die Eldridge nun als „Léon" im Dienst der griechischen Marine.

»Was das Philadelphia-Experiment selbst betrifft, hat das ONR weder 1943 noch zu irgendeiner anderen Zeit irgendwelche Untersuchungen über Unsichtbarkeit angestellt. Unter Berücksichtigung des derzeitigen Standes der Wissenschaft glauben unsere Wissenschaftler nicht, dass ein solches Experiment möglich sein könnte, außer im Bereich der Science-Fiction. Eine wissenschaftliche Entdeckung von solcher Tragweite könnte, falls sie sich tatsächlich ereignet hätte, wohl kaum für so lange Zeit Geheimnis bleiben.«

Wenigstens lag das Marineministerium mit der letzten Feststellung richtig, denn das »Projekt Rainbow« wurde von zwei amerikanischen Forschern und Autoren 1979 ans Licht der Weltöffentlichkeit gebracht – im Rahmen eines Buches, das sich weltweit mehrere Millionen mal verkaufte. Darin wiesen die Verfasser nicht nur nach, dass es tatsächlich ein »Projekt Rainbow« gab, sie bestätigten auch die Informationen von Carl Allen.

Lassen Sie uns deshalb diese außergewöhnliche Recherche etwas näher betrachten...

3. Berlitz, Moore und das »Philadelphia-Experiment«

»Was ist Wahrheit?«
(Pontius Pilatus)

Im Jahre 1979 erschien in den USA und anschließend weltweit ein wahrlich sensationeller Bericht. Das Buch »Das Philadelphia-Experiment« der beiden amerikanischen Autoren Charles Berlitz und William L. Moore erregte dabei internationales Aufsehen.
Charles Berlitz, der zu diesem Zeitpunkt bereits durch seine Bücher »Das Bermuda-Dreieck« und »Spurlos« einen hohen Bekanntheitsgrad hatte, stieß während der Forschungsarbeiten zum Buch »Das Bermuda-Dreieck« erstmals auf Informationen über das „Philadelphia-Experiment".
Sein besonderes Interesse an dieser Geschichte galt der Möglichkeit, dass eine Verschiebung in der Molekularzusammensetzung der Materie durch intensivierten und resonanten Magnetismus einen Gegenstand zum Ver-

Das aufsehenerregende Buch „Das Philadelphia-Experiment" von Berlitz und Moore.

Charles Berlitz, der am 18. Dezember 2003 im Alter von neunzig Jahren verstarb.

schwinden bringen könnte. Dies wäre eine Erklärung für einige der Fälle von spurlosem Verschwinden im Bermuda-Dreieck. Zwei Jahre vor dem Erscheinen von »Das Philadelphia-Experiment« machte Berlitz anläßlich der Vorlesung an einem College die Bekanntschaft des jungen Englischlehrers und Schriftstellers Bill Moore.

Interessanterweise war Moore fast fanatisch an der Geschichte des Philadelphia-Experiments interessiert und teilte Berlitz mit, dass er aus keinem anderen Grunde schon große Teile der USA bereist hatte. Und dies mit Erfolg! Moore hatte verloren geglaubte Dokumente ausfindig gemacht, Zeugen befragt und sogar jene Wissenschaftler gefunden, die an einem Experiment mitgearbeitet hatten, das es »offiziell« niemals gab. Schnell verabredete man eine Zusammenarbeit und die Erkenntnisse Moores flossen in das Buch ein. Die Arbeit der beiden brachte Informationen zutage, welche der Öffentlichkeit bis dahin nicht zugänglich gewesen waren. Die Schlussfolgerung des Buches bestand darin, dass das Experiment tatsächlich stattgefunden haben musste. Leider ist »Das Philadelphia-Experiment« mittlerweile völlig vergriffen und deshalb über den Buchhandel nicht mehr erhältlich. Sollten Sie aber jemals ein Exemplar in einem Antiquariat oder auf einem Flohmarkt entdecken: Greifen sie zu – Sie werden es nicht bereuen!

Übrigens haben die beiden Autoren 1980 noch ein Buch gemeinsam verfasst. Das Werk »Der Roswell-Zwischenfall« behandelt den heute als bestdokumentierten UFO-Absturz bekannten Vorfall von 1947 in der Wüste von New Mexico, ein weiteres Mysterium des 20. Jahrhunderts nur wenige Jahre nach den Ereignissen, die uns bisher im vorliegenden Buch beschäftigt haben.

Doch nun wieder zurück zum Thema. In »Das Philadelphia-Experiment« erwähnen Berlitz und Moore einen außergewöhnlichen Vorfall, der sich im Jahr 1970 in der Gegend um Colorado Springs zugetragen hatte. Damals waren zwei Luftwaffenangehörige, James Davis aus Maryland und Allen Huse aus Texas, nachts in einem Park unterwegs um Sterne zu fotografieren. Plötzlich wurde Davis von einer unbekannten Person angesprochen, die er zunächst überhaupt nicht wahrgenommen hatte: Neben ihm stand ein seltsam anmutender, ungepflegter kleiner Mann, der den Flieger aufgrund seiner Uniform als Luftwaffenangehörigen identifzierte. Der Fremde fragte Davis, ob es ihm bei der Luftwaffe gefalle, was Davis mit einigen Einschränkungen bejahte. Bald waren beide ins Gespräch vertieft. Überraschenderweise behauptete der kleine, seltsame Mann, im Krieg selbst einmal Offizier bei der Marine gewesen zu sein. Weiter sagte er: »Aber sie haben da bei der Marine etwas mit mir angestellt. Und dann haben sie mich weggeschickt. Weil ich verrückt bin, sagen sie. Bin ich aber nicht! Da war nur das Experiment dran schuld.«

Davis wurde neugierig und fragte nach, von welchem »Experiment« der Mann eigentlich redete. Darauf sprach sein Gegenüber: »Unsichtbarkeit! Sie wollten ein Schiff unsichtbar machen. Wäre ja auch eine perfekte Tarnung gewesen, wenn´s funktioniert hätte. Und es *hat* sogar funktioniert. Mit dem Schiff, meine ich. Aber wir an Bord ... also, mit uns, da hat das nicht so richtig geklappt. Wir haben die Wirkung von diesem Kraftfeld einfach nicht vertragen. Das hat irgendwas mit uns angestellt. Hätte ich mich bloß nicht nach Philadelphia versetzen lassen! Es war streng geheim. Wenn ich doch nur die blasseste Ahnung gehabt hätte, auf was ich mich da einlasse – ich hätte ihnen verdammt deutlich gesagt, wohin sie sich scheren können«. Davis reagierte darauf sehr skeptisch, worauf ihm der Fremde weitere Einzelheiten über das Experiment und seine Auswirkungen auf die Mannschaft mitteilte. Für sehr wichtig halte ich folgende Aussage des Mannes: »Einige der Matrosen haben sogar behauptet, sie wären in eine andere Welt übergegangen und hätten seltsame, fremdartige Wesen gesehen und mit ihnen geredet«. Dann kam auch der zweite Flieger, Huse, und bekam lediglich noch den Rest der Unterhaltung mit. Die beiden Luftwaffenangehörigen nahmen das Gesagte äußerst skeptisch auf. Nach einiger Zeit verabschiedete sich der seltsame Fremde und wurde danach nie wieder gesehen. Doch irgendwie beeindruckte James Davis die Geschichte so sehr, dass er sie stets in seiner Erinnerung trug.

Einige Jahre später, 1978, las Davis dann das Buch »Das Bermuda-Dreieck« von Charles Berlitz und war äußerst bestürzt, als er darin einen Bericht

über das Philadelphia-Experiment fand. Natürlich fiel ihm sofort wieder die Unterhaltung mit jenem seltsamen, kleinen Mann ein, die Jahre zuvor in Colorado Springs stattgefunden hatte. Nach langem Überlegen schrieb er Berlitz schließlich einen Brief, in dem er seine Geschichte darlegte.
Im weiteren Verlauf des Buches »Das Philadelphia-Experiment« gehen Berlitz und Moore dann auch auf den Fall Carl Allen alias Carlos Miguel Allende ein sowie auf dessen Verbindung mit Morris K. Jessup; sie kommen dabei natürlich gleichfalls auf die mysteriösen Briefe und die ONR-Spezialausgabe von »The case for the UFO« zu sprechen.
Aufgrund intensiver Recherche und stetigem Vergleichen der Erkenntnisse konnten die beiden Autoren nachweisen, dass das Philadelphia-Experiment nicht wie von Carl Allen behauptet, im Oktober 1943, sondern in der Zeit um den 12. August 1943 stattgefunden haben muss.
Besonders bemerkenswert ist auch ein Interview, das Bill Moore mit einem ehemaligen Wissenschaftler führte, der aufgrund seiner früheren Arbeiten mehr über das Philadelphia-Experiment wusste.
Aus Sicherheitsgründen wurde ihm das Pseudonym „Dr. Rinehart“ gegeben. Es nahm fast ein Jahr der Korrespondenz in Anspruch, bis Moore die Gelegenheit bekam, direkt mit diesem Mann zu sprechen. Das Treffen fand unter großen Vorsichtsmaßnahmen statt, denn »Dr. Rinehart« erwies sich als äußerst misstrauisch. Er selbst sprach davon, dass er »noch immer« beobachtet werde. Dann begann er zu erzählen: »Sie wissen natürlich, dass ein Experiment mit einer Idee beginnt, dann wird ein Vorschlag daraus – der vielleicht schon rechnerisch geprüft ist – dann ein Projekt und zum Schluss ein Experiment – oder mehrere Experimente – im üblichen Sinn. Mit diesem hier hatten am Anfang nur sehr wenige Leute zu tun. Die meisten hatten diverse vordringliche Verpflichtungen, von denen sie sich erst befreien mussten«.

William Moore, der Co-Autor von „Das Philadelphia-Experiment“.

Das Interview drehte sich im weiteren

Verlauf um Einsteins »Einheitliche Feldtheorie« sowie um die Anfänge des Projekts. Dann jedoch wurde Rinehart konkreter: »Es war höchstwahrscheinlich John von Neumann, der die Idee für ein solches Projekt dem Amt unterbreitete, das damals, Ende neununddreißig – Anfang vierzig, als National Defence Research Committee (NDRC) bekannt war. Ich kam mit der Sache erst in Kontakt, als die ersten Schritte schon getan waren und das NDRC sein Interesse bekundet hatte, die Angelegenheit weiterzuverfolgen«. Nach einem kurzen Einwurf von Moore führte der Wissenschaftler weiter aus: »Das war von Anfang an ein reines Verteidigungsprojekt und keinesfalls ein Versuch, Offensivwaffen zu entwickeln. Die ursprüngliche Idee schien darauf abzuzielen, starke elektromagnetische Felder zu benutzen, um nahende Geschosse, vor allem Torpedos, vom Schiff abzulenken, indem um dieses Schiff herum ein intensives elektromagnetisches Feld hergestellt wurde. Später wurde das noch erweitert, und zwar umfasste es dann eine Studie über die Idee, mittels eines gleichen Feldes optische Unsichtbarkeit in der Luft statt im Wasser zu erzeugen«. Es ist bis heute ungeklärt, ob Rinehart hierbei die Anwendung des Prinzips auch auf Flugzeuge meinte oder nicht.

Wenn ja, war dies eine sehr aufschlussreiche Äußerung. Hatte man damals bereits den Grundstein für die späteren »Stealth-Flugzeuge« gelegt? Offiziell wird ja behauptet, dass diese Flugzeuge aufgrund ihrer Form und Lackierung für Radar »unsichtbar« seien. Jedoch munkelt man schon lange, dass auch eine elektromagnetische Komponente eine Rolle spielt. Hierzu passend ist auch die Aussage eines pensionierten Fluglotsen der Luftraumüberwachung Brüssel, den ich vor einigen Jahren kennenlernte. Der ältere Herr saß zufällig in einem Tagescafé am gleichen Tisch, als er unter anderem erzählte, er sei pensionierter Fluglotse. Ich zeigte mein Interesse und wir kamen relativ schnell ins Gespräch. Als ich einen günstigen Augenblick gekommen sah, fragte ich ihn, ob es für Stealthflugzeuge spezielles Radar gäbe. Daraufhin verriet er mir, dass er selbst erlebt habe, wie ein Stealthbomber der US-Streitkräfte in der Luft seine Radarunsichtbarkeit ein- bzw. wieder ausschaltete. Er folgerte selbst daraus, dass es also nicht an der Form und Beschichtung des Flugzeuges alleine liegen könne.

Nun aber wieder zurück zu den Aussagen von Dr. Rinehart. Der vermochte nämlich den Forschern Berlitz und Moore noch einen sehr bedeutsamen Hinweis zum Codenamen des Philadelphia-Experiments zu geben: »Ich kann mich nicht erinnern, ob mir später je ein Deckname für dieses Projekt bekannt wurde oder nicht, obzwar sich irgendwo in meinem Gedächtnis die Worte ›Rainbow‹ oder ›Fata Morgana‹ damit verbinden zu scheinen wollen. Das Gedächtnis ist etwas Vages, und ich kann mich da sehr täuschen«.

Soweit die Ausführungen dieses Wissenschaftlers gegenüber Bill Moore. Anzufügen wäre dazu nur noch, dass Dr. Rinehart angeblich fünf Monate nach diesem Gespräch starb.

Das es ein »Projekt Rainbow« zur fraglichen Zeit tatsächlich gab, konnten Berlitz und Moore in ihrem Buch sogar zweifelsfrei beweisen. Sie legten einen eigentlich geheimen Auszug des internen »Code-Word Index« des Verteidigungsministeriums aus dem Jahr 1941 vor, in dem auch ein »Projekt Rainbow« unter der Blocknummer 334 aufgeführt war.

PROOF PRINT

MOST SECRET

Copy No.

Attention is drawn to the Penalties attaching to any infraction of the Official Secrets Acts

INTER-SERVICES
CODE-WORD INDEX

This Index will be kept in a safe when not in use

Issued under the authority of the Inter-Services Security Board, War Office.

1st September, 1941

C.C.S. 368/15.

Das dienstliche Codeword-Verzeichnis enthielt auch das Codewort „Rainbow". (Foto: Charles Berlitz)

Im letzten Kapitel ihres Buches machen Berlitz und Moore dem Leser klar, dass beim Philadelphia-Experiment noch Dinge vorgefallen sein müssen, welche Dimensionen annahmen, die man sich noch heute kaum vorstellen kann. Bereits der unbekannte, kleine Mann im Park bei Colorado Springs sprach ja davon, dass Matrosen während des Experiments fremdartige Wesen gesehen hätten. Ergänzend dazu machen die beiden Autoren auf einen Vorgang aufmerksam, der auf den ersten Blick mit »Projekt Rainbow« scheinbar nichts zu tun

hat. Es handelt sich dabei um den UFO-Vorfall von Bracebridge, Ontario (Kanada) am 7. Oktober 1975.
An jenem Dienstag wurde der siebenundzwanzigjährige Tischler Robert Suffern in Bracebridge von seiner Schwester angerufen, die ein Stück weiter an derselben Straße wie er wohnte. Es war bereits zu später Abendstunde, als sie sich aufgeregt bei Robert meldete. Sie erzählte ihm von einem eigenartigen Lichtschein, der aus Richtung einer nahen Scheune zu kommen schien. Nachdem seine Schwester ihn bat, sich die Sache einmal anzusehen, stieg Suffern in seinen Wagen, um sie persönlich aufzusuchen. Plötzlich bemerkte er ein untertassenförmiges Objekt, das auf der Kiesstraße genau vor ihm stand. Das Objekt hatte einen Durchmesser von etwa vier Metern und jagte Suffern einen Riesenschrecken ein. Einem Reporter der Tageszeitung »Toronto Sun« erzählte er später folgendes: *»Ich hatte Angst. Es war direkt vor mir, ohne Licht und ohne ein Zeichen für Leben. Mein Auto war noch nicht ganz zum Halten gekommen, als das Objekt senkrecht hochstieg und verschwand«.*

Als Robert Suffern seinen Wagen wendete, bemerkte er direkt vor der Kühlerhaube eine seltsame Gestalt. Er beschrieb das Wesen als etwa 1,20 Meter groß, menschenähnlich mit sehr breiten Schultern. Mehr konnte er nicht erkennen, da dieser »Alien« einen silbergrauen Anzug mit einem kugelartigen Helm trug. Suffern legte eine Vollbremsung hin, kam auf der unbefestigten Kiesstraße ins Schleudern und hätte das fremde Wesen um ein Haar überfahren. Die unidentifizierbare Gestalt wiederum lief sofort nach diesem Beinahe-Unfall zum Straßenrand, sprang über einen Zaun und verschwand im Feld. Der Tischler beschrieb den Vorgang später mit folgenden Worten: »Als die Gestalt zum Zaun kam, legte sie eine Hand auf einen Pfosten und setzte völlig mühelos darüber hinweg, so als hätte sie kein Gewicht.« Aufgrund all dieser Beobachtungen völlig verwirrt, wollte Suffern nach Hause fahren, als er durch die Scheibe des Wagens sah, wie die Flugscheibe wieder zurückkehrte und langsam über der Straße zu schweben begann. Anschließend setzte sich das UFO wieder in Bewegung, flog um einen Hochspannungsmast herum und raste blitzschnell senkrecht nach oben, mitten in den Sternenhimmel hinein.

In den Tagen darauf war im Hause Suffern natürlich die Hölle los. Verwandte, Freunde, Untersuchungskommissionen und Reporter belagerten das Anwesen. Suffern blieb aber stoisch bei seiner Geschichte und zeigte kaum Interesse daran, diesem »Wesen« noch einmal zu begegnen.
Interessant, so mag sich der Leser an dieser Stelle sagen, nur – was hat das alles mit dem Philadelphia-Experiment zu tun? Sehr viel, denn die Geschichte geht noch weiter!
Neun Monate nach diesem Zwischenfall, am 15. Juli 1976, untersuchten ein Filmemacher und ein Ermittler etliche UFO-Berichte aus Kanada. Der Grund hierfür waren Dreharbeiten zu einem Dokumentarfilm mit dem Titel »UFO – The Canadian Perspective«. Der Name des UFO-Ermittlers war Harry Tokarz. Er arbeitete für die UFO-Forschungsorganisation CUFORN. Ihre Untersuchungen führten sie auch zu Robert Suffern nach Bracebridge, in der Hoffnung, etwas Verwertbares über den Vorfall von 1975 zu erfahren. Eigentlich wollte das Ehepaar Suffern überhaupt keine Stellungnahmen zu diesem Fall mehr abgeben. Der Aufruhr gleich nach dem Vorfall verursachte bei den beiden einen erheblichen Stress. Erst nach langem Hin und Her und der Zusage, keinerlei Ausrüstung mitzubringen sowie keine Fragen gestellt zu bekommen, die alle im Jahr zuvor bereits gestellt wurden, war man zu einem Gespräch bereit. Das Resultat war ein fünfstündiges, äußerst interessantes Interview.

Den beiden Fragestellern fielen dabei schon zu Beginn des Interviews zwei bemerkenswerte Dinge auf. Zum einen konnte man feststellen, dass sowohl Suffern als auch seine Frau glaubten, völlig über das UFO-Phänomen Bescheid zu wissen. Offensichtlich war dieses Thema für sie nicht mehr von großer Bedeutung. Zum anderen wurde den Interviewern klar, dass sie gerade Dinge erfuhren, welche die Sufferns noch keinem anderen erzählt hatten. Laut den Fragestellern kamen diese Informationen nur zufällig ans Licht, nachdem sich Frau Suffern im Laufe des Interviews einen »Versprecher« geleistet hatte. Um den Sachverhalt so authentisch wie möglich darzustellen, will ich nun direkt aus dem Bericht von Harry Tokarz zitieren, wie er im Mai 1977 in der CUFORN-Zeitschrift »The Pulse Analyser« erschien:

Nachdem wir nun schon einmal auf die tatsächliche Situation aufmerksam geworden waren, ließ Suffern seine Vorsicht fallen und entschloss sich, uns ins Vertrauen zu ziehen. Zunächst zögernd, begann er doch bald, eindringlich über die Angelegenheit zu sprechen. Es schien ihm sehr viel an unserem Interesse für diese Sache zu liegen, und je weniger wir fragten, desto mehr erzählte er. Am 12. Dezember 1975, als die Sufferns allmählich wieder Ordnung bei sich einkehren sahen (nachdem ihre Farm wochenlang von Andenkenjägern buchstäblich überschwemmt worden war), wurden mit einem Straßenkreuzer der Ontario-Provinzpolizei drei Männer zu ihrem Haus gebracht. Sie waren in voller Uniform, hatten eindrucksvolle Empfehlungsschreiben und stellten sich als oberste Dienstgrade der kanadischen Armee in Ottawa, der US-Luftwaffe, Pentagon und des US-Marine-Geheimdienstes vor. Suffern, der bis dahin über seine UFO-Begegnung recht beunruhigt gewesen war, behauptet, dass alle seine Fragen von diesen hilfreichen Herren rückhaltlos und ohne Zögern beantwortet wurden. »Sie legten ihre Karten auf den Tisch« und gaben ihm die Antworten über das Woher, das Was und das Warum. Sie ließen durchblicken, dass die Regierungen der USA und Kanadas schon seit 1943 alles über UFOs wussten und seither mit den »fremden Wesen« zusammenarbeiteten!

Als wenn das nicht schon genug gewesen wäre, um es auf einmal zu schlucken, warfen die militärischen »Alleswisser« den Sufferns noch einen weiteren Brocken hin, indem sie sich nämlich für den unliebsamen Zwischenfall vom 7. Oktober entschuldigten. Sie behaupteten, es wäre eine »Panne« gewesen! Suffern sprach den Gedanken aus, dass es sich wohl um ein supergeheimes Militärflugzeug gehandelt habe. Nein, sagten sie, es war eine Fehlfunktion der Untertasse, die sie zur Landung auf seinem Grundstück zwang, komplett mit ihrer Besatzung fremder Wesen. Mrs. Suffern konnte das nicht glauben, doch als sie eingehendere Fragen stellte, rückte einer der Offiziere mit der genauen Landezeit heraus – auf die Minute -, eine Einzelheit, von der nur die Sufferns wussten und die sie niemanden weitererzählt hatten. Übrigens hatten sie insgesamt drei UFO-Sichtungen über ihrem Grundstück, wovon sie aber nur die letzte meldeten, und wieder gab ihnen das allwissende Trio die genauen Daten und Uhrzeiten bekannt. Sie waren mit einer ganzen Ladung von Büchern und Daten (komplett mit MG-Fotos von UFOs) ausgerüstet und betonten nochmals, dass die Landung eine Panne war und nicht hätte passieren dürfen. Ferner erfuhren wir, dass die Militärs von den UFO-Besatzungen noch immer als »Humanoiden« sprechen. Die erste Kontaktaufnahme hatte offenbar im Jahre 1943 stattgefunden (angeblich bei einer Panne während eines Experiments der US-Marine mit Radarunsichtbarkeit), und unsere Armee ist seither über die Bewegungen der fremden Wesen auf unserem Planeten unterrichtet.

Suffern bestand unerbittlich darauf, dass alle seine Fragen über den Flugkörper und seine Insassen »zu seiner Befriedigung« beantwortet wurden, trotz der Tatsache, dass schon viele zivile Ermittler ihn besucht und alternative Hypothesen angeboten hatten, um das Rätsel für ihn zu lösen. Viele kamen der Sache nahe, doch keiner antwortete mit dem gleichen »Grad an Genauigkeit«.

Der kritische Punkt bei Sufferns Begegnung ist die Tatsache, dass er beinahe einen Autozusammenstoß mit einem physischen Wesen hatte, das mit einem einteiligen silbrigen Anzug bekleidet und von gedrungener Gestalt war. Wenn eine Kontaktaufnahme wirklich stattgefunden hatte, dann hätte es schlimme Folgen haben können, wenn er dieses Wesen tatsächlich überfahren hätte. Das könnte der Grund für die militärische Intervention und die ungewöhnliche Offenheit sein. Die Sufferns bleiben fest bei ihrer Aussage, dass die drei Militärs alle ihre Fragen sofort und mit unheimlicher Präzision beantworteten. Suffern selbst behauptet, die Identität dieser drei Leute zu kennen und beweisen zu können, dass sie keine Schwindler waren. Er stellt auch in Abrede, dass er an die kanadische Geheimhaltungsverfügung gebunden sei, und nennt als einziges Motiv dafür, dass er die Details für sich behält, »moralische Gründe«: Er wolle einfach nur seinen Teil des Übereinkommens erfüllen und sich in dieser Sache an die »Wünsche der Regierung« halten.

Soweit dieser sensationelle Bericht von Harry Tokarz. Natürlich war dies auch für Berlitz und Moore ein äußerst wichtiges Puzzleteil. In »Das Philadelphia-Experiment« fragten sie sich, warum ein Offizier des Marinegeheimdienstes für einen UFO-Vorfall mit zuständig war. Sie stellten abschließend fest, dass es sich bei dem erwähnten Experiment 1943 nur um Projekt Rainbow gehandelt haben könne und es hierbei möglicherweise Manipulationen an Raum und Zeit gab. Auch einen »Einbruch« in eine andere Dimension schlossen die beiden Autoren nicht mehr aus. Wie recht sie doch hatten!

4. Das Philadelphia-Experiment und seine »Macher«

»Wir tanzen auf einem Vulkan«
(Robespierre)

Bereits im Kapitel über das »Projekt Rainbow« wurde kurz beschrieben, welche Wissenschaftler im Auftrag von »ganz oben« daran beteiligt waren. Zur umfassenden Darstellung der Vorgänge ist es aber unverzichtbar, einmal auf die drei Wissenschaftler näher einzugehen, ohne welche dieses Projekt nicht möglich gewesen wäre. Ich meine damit Dr. Albert Einstein, Nikola Tesla und Dr. John von Neumann.

Albert Einstein wurde am 14. März 1879 in Ulm als Sohn des Kaufmanns Hermann Einstein und dessen Frau Pauline geboren. Im Jahre 1896 begann der junge Einstein ein mathematisch-physikalisches Fachlehrerstudium an der Eidgenössischen Polytechnischen Hochschule in Zürich, wo er im Jahr zuvor noch abgewiesen worden war. Nachdem er im Jahr 1900 sein Diplom als Fachlehrer für Mathematik und Physik gemacht hatte, bekleidete er von 1902 bis 1909 den Posten des »Technischen Vorprüfers« beim Schweizer Patentamt in Bern. Während seiner Zeit beim Patentamt, genauer gesagt 1905, erarbeitete Einstein jene Veröffentlichungen, die ihn weltberühmt machten und die bis heute die moderne Physik prägen. Diese Veröffentlichungen bezogen sich einerseits auf die sogenannte Quantentheorie und andererseits auf die Relativitätstheorie. Er erweiterte die Quantentheorie von Max Planck um die Hypothese der Lichtquanten. Mit seiner ausführlichen Begründung der »Speziellen Relativitätstheorie« leitete Einstein den Übergang zur Wissenschaft des 20. Jahrhunderts ein. Kurz darauf lieferte er mit der Formel $E = mc^2$ einen Nachtrag zur Relativitätstheorie. Demnach ist die Energie eines Körpers das Produkt aus seiner Masse und dem Quadrat der Lichtgeschwindigkeit. Seine Theorien setzten sich in der Wissenschaft schnell durch und brachten ihm eine außerordentliche Professur für theoretische Physik an der Universität Zürich ein. Im Jahre 1914 ging Einstein wieder zurück nach Deutschland, wo er dann

Albert Einstein im Jahre 1920. (Foto: National Archives)

1915 die »Allgemeine Relativitätstheorie« formulierte, welche die bis dahin geltenden physikalischen Erklärungsansätze ersetzten.

Nach der Machtübernahme durch die NSDAP in Deutschland siedelt Einstein aus Protest gegen die Menschenrechtsverletzungen in seinem Heimatland in die USA über. Dort erhielt er sofort eine neue Anstellung in dem schon wiederholt erwähnten »Institute for Advanced Study« in Princeton/New Jersey. In Princeton arbeitete Albert Einstein dann eng mit der US-Marine zusammen, die auch für das Philadelphia-Experiment verantwortlich zeichnete. Die Grundlage für das Projekt Rainbow war ja Albert Einsteins »Einheitliche Feldtheorie für Schwerkraft und Elektrizität«. Einstein verfasste tatsächlich bereits in den Jahren 1925 bis 1927 eine Version dieser Theorie, deren Ergebnisse in deutschen wissenschaftlichen Zeitschriften jener Zeit erschienen. Allerdings zog er diese Theorie wieder zurück, da sie angeblich »unvollständig« war. Viel wahrscheinlicher aber ist, dass sich Einstein der unfassbaren Auswirkungen seiner Theorie bewusst wurde und er sie – wie bereits Carl Allen in seinem Brief an Jessup schrieb – aus Gründen der »Humanik« negierte. Aber worum genau geht es eigentlich bei dieser »Einheitlichen Feldtheorie«? Mit einfachen Worten beschrieben, besteht der primäre Sinn der Theorie darin, mit Hilfe einer einzigen mathematischen Gleichung die Wechselbeziehungen zwischen den drei fundamentalen Universalkräften Elektromagnetismus, Schwerkraft und Kernkraft zu erklären. Später wurde dann auch noch eine vierte, schwache Universalkraft entdeckt, die zur Schwerkraft in der gleichen Weise in Beziehung steht wie die Elektrizität zum Magnetismus.

Sollte Albert Einstein diese Theorie tatsächlich vollendet haben, wovon man heute ausgehen muss, konnte davon wiederum mit hoher Wahrscheinlichkeit ein wissenschaftliches Gesetz abgeleitet werden. Das die Umsetzung dieser Theorie auch Auswirkungen auf Raum und Zeit haben würde, hätten die Mitarbeiter am Projekt Rainbow eigentlich mit in Betracht ziehen müssen.

Hatte Albert Einstein die „Einheitliche Feldtheorie" tatsächlich fertiggestellt? (Foto: National Archives)

Albert Einstein verstarb am 18. April 1955 in Princeton. Soweit im kurzen Überblick einige der wesentlichsten Stationen im Leben dieses unvergleichlichen Theoretikers. In unserem Kontext hinzuzufügen wäre allerdings noch eine Meldung aus der »New York Times« vom April 1956, in der es hieß, dass ein Dr. Parvis Marat, Physiker an der Universität von Maryland, »die berühmte Einheitliche Feldtheorie des verstorbenen Dr. Albert Einstein teilweise bestätigen konnte«. Weiter stand dort erstaunlicherweise zu lesen: »Einsteins neueste und radikalste Theorie hat die Hürde kritischer Tests mit fliegenden Fahnen genommen«.

Aber Einstein war lediglich *einer* der Schöpfer jener theoretischen Grundlagen des Philadelphia-Experiments.

Ein Mann, den ich persönlich als den brilliantesten Kopf des 20. Jahrhunderts erachte, dem jedoch viel Unrecht angetan wurde und dessen Erfindungen die Menschheit bereits vor hundert Jahren unabhängig von Öl, Gas und sonstigen Energielieferanten hätten machen können, spielte auch bei Projekt Rainbow eine Schlüsselrolle: Nikola Tesla.

Nikola Tesla, das Genie des 20. Jahrhunderts! (Foto: National Archives)

Nikola Tesla wurde am 10. Juli 1856 als Sohn des orthodoxen Priesters Milutin Tesla und dessen Frau Djouka im kroatischen Smiljan geboren. Als Kind wurde er sich bereits seiner hellsichtigen Begabung und verschiedener anderer paranormaler Fähigkeiten bewusst. Tesla beherrschte sieben Sprachen fließend. Er besuchte später die Realschule und kurz darauf noch die höhere Realschule in Karlovac. Schon zu dieser Zeit wurde sein Interesse für das Fachgebiet der elektrischen Energie geweckt, das ihn für den Rest seines Lebens beschäftigte. Bereits als Jugendlicher hatte er die Vision, dass er eines Tages eine Maschine erfinden würde, um mit ihr die Art und Weise, wie die Menschheit bis dahin mit der Elektrizität umging, zu revolutionieren. Diese Maschine war der Wechselstrommotor. Nach dem Schulabschluss studierte er ab dem Jahr 1877 an der Technischen Hochschule in Graz und an der Universität Prag. 1881 ging Nikola Tesla dann nach Budapest, wo er für eine dort ansässige Telefongesellschaft arbeitete. Schon ein Jahr später entwickelte er die Konzeption des ersten Wechselstrommotors. Daraufhin siedelte er nach Paris über, um bei der bekannten »Continental Edison Company« anzuheuern. Im Jahr 1883 hielt er sich dann beruflich in Straßburg auf, wo er den ersten funktionierenden Wechselstrommotor konstruierte. Ein Mann aus dem Kreis von Edisons Ingenieuren in Paris erkannte Teslas Genie. So kam es, dass Nikola Tesla sich in den USA wiederfand, um dort eine Anstellung beim berühmten Thomas Alva Edison anzunehmen. Allerdings gab es zwischen Tesla und Edison erhebliche Differenzen. Edison war ein überzeugter Anhänger der

Gleichstromtechnik. Tesla seinerseits versuchte Edison davon zu überzeugen, dass die Verwendung von Wechselstrom viel effektiver und dazu noch kostengünstiger sein würde. Edison wurde unsicher, blieb aber aus Trotz bei seiner Meinung. Sicherlich merkte er auch, dass ihm hier ein Mann gegenüberstand, dessen Geist seinem eigenen noch weit überragte. Die beiden trennten sich im Streit und Nikola Tesla gründete in den USA seine eigene Firma, die »Tesla Electric Light Company«. Sofort meldete er Patente zum elektromagnetischen Motor und der Verteilung elektrischer Energie an. Später verkaufte er alle seine Drehstrompatente an den US-amerikanischen Ingenieur George Westinghouse, für den er auch in Pittsburg arbeitete. Teslas Karriere nahm nun ihren Lauf, und durch seine öffentlichen Experimente erlangte er einen fast legendären Ruf. Beispielsweise ließ er im Madison Square Garden in New York kleine ferngesteuerte Boote zu Wasser. Einige Zuschauer deuteten dies fälschlicherweise als Hexerei. Es gelang ihm sogar, riesige Blitze zwischen Himmel und Erde zu erzeugen. Dabei hielt Tesla gewöhnliche Glühbirnen auf den Boden und diese begannen zu leuchten. Für Tesla war dies der Beweis für seine Überzeugung, dass die gesamte Erdbevölkerung in den Genuss sogenannter »Freier Energie« kommen könnte, wenn die dafür notwendigen Geräte gebaut würden. Für seine Entwicklungen im Bereich »Freie Energie« baute Tesla einen riesigen Turm auf Long Island. Als aber sein Finanzier, der Bankier J.P. Morgan entdeckte, dass »Freie Energie« dem Verbraucher praktisch kostenlos zur Verfügung stünde und er dabei demnach bald nichts mehr an allem verdienen könne, stoppte er seine finanziellen Zuwendungen sofort.

Teslas Erfindungen bezüglich Freier Energie gingen sogar soweit, dass er einen kleinen schwarzen Kasten konstruierte, mit welchem er ein Auto antrieb, ohne dass auch nur ein Tropfen Treibstoff verbraucht wurde. Und wir machen uns heute, mittlerweile hundert Jahre danach, noch Gedanken über geregelte Katalysatoren. Welch ein Drama, welch eine Ironie der Wissenschaftsgeschichte!

Von diesem Zeitpunkt an hatte Tesla fast nur noch mit Problemen zu kämpfen. Auch seine immer wiederkehrende, ernst gemeinte Aussage, dass er in Kontakt mit Außerirdischen stehe, trug nicht unbedingt zur Verbesserung seiner Situation bei. Aber unter den Fachleuten wusste jeder, dass Tesla *das* Genie auf dem Feld der Elektronik war. Und dies war sicherlich auch der Grund, warum man ihn auch noch in einem hohen Alter zum Leiter des »Projekt Rainbow« ernannte.

Wie schon in einem vorhergehenden Kapitel beschrieben, war Nikola Tesla von 1936 bis 1942 für dieses Projekt verantwortlich. Als seine Warnungen bezüglich der Auswirkungen auf die Schiffsbesatzung kein Gehör fanden, sabotierte Tesla das Projekt und stieg aus. Kurz darauf, am 7. Januar 1943 wurde Nikola Tesla, das Jahrhundertgenie, tot in einem Hotel in New York aufgefunden. Ob sein Tod möglicherweise mit seinem Ausstieg beim Projekt Rainbow zu tun hatte, bleibt offen. Ausschließen würde ich das allerdings ganz sicher nicht.

Nikola Tesla hatte mit Blick auf das Experiment große Meinungsverschiedenheiten mit Dr. John von Neumann. Als Tesla das Projekt verließ, nahm eben jener Dr. Neumann nun Teslas Platz als Projektleiter ein. Was für ein Mensch war wiederum dieser Dr. von Neumann?

Johann von Neumann wurde am 28. Dezember 1903 als »János Neumann« in Budapest geboren. Sein Vater, ein Deutscher, war in Budapest als Bankier tätig. Schon als Kind zeigte sich Johanns mathematisches Talent und sein Interesse an der Physik. Er konnte lebenslang auch schwierigste mathematische Aufgaben ohne Papier und Bleistift lösen. Im Alter von 23 Jahren schrieb er an der Universität Budapest seine Doktorarbeit in Mathematik und lehrte anschließend an der dortigen Universität. 1927 zog von Neumann für zwei Jahre nach Berlin um dort Chemie zu studieren. Zwei weitere Jahre seines Chemiestudiums absolvierte er unmittelbar danach in Zürich. Es folgte ein weiteres Studium in Göttingen und Hamburg, wobei er sich auf Mathematik und Physik konzentrierte. Für ihn völlig überraschend erhielt von Neumann 1929 eine Einladung aus Princeton, um an der dortigen Universität für ein Semester als Gastprofessor zu arbeiten. Er nahm die Einladung an und verbrachte nun jeweils ein Semester im Jahr in Princeton beziehungsweise Deutschland, bis er 1933 als jüngster Professor in das neugegründete »Institute for Advanced Study« übertrat. 1937 erhielt dann der jetzige »John« von Neumann die amerikanische Staatsbürgerschaft.

Er trug die Verantwortung bei der Durchführung des Philadelphia-Experiments: Dr. John von Neumann. (Foto: National Archives)

Ich möchte bereits an dieser Stelle darauf hinweisen, wie schnell doch Princeton diesen jungen Mann in die USA geholt hatte. Möglicherweise war auch John von Neumann das »Zielobjekt« eines jungen Marinegeheimdienst-Agenten namens Alexander Duncan Cameron Sen., über dessen Familie ich in diesem Buch noch ausführlich berichten werde. John von Neumann wurde nach dem Ausscheiden Teslas der Projektleiter des Philadelphia-Experiments.

Der Ablauf und die Resultate des Experiments sind ja bekannt. Nachdem das Projekt Rainbow Ende Oktober 1943 von der Navy eingestellt worden war, schickte man John von Neumann los, um am Manhattan-Projekt, dem Atombombenprogramm in Los Alamos, New Mexico, mitzuarbeiten – so lange, bis dieses beendet war. Im Jahre 1947 wurden von Neumann für seine Arbeit während des zweiten Weltkrieges die Auszeichnungen »Presidential Medal for Merit« und »Distinguished Civilian Service Award« verliehen. Der Forscher hatte sich in der Öffentlichkeit vor allem einen Namen als Begründer des bis heute gültigen Arbeitskonzepts eines »Computers« gemacht. Eine seiner bekanntesten und dramatischsten Erfindungen war einer der damals leistungsfähigsten Rechner, der den USA ermöglichte, die erste Wasserstoffbombe zu bauen und zu testen.

»Vergib Ihnen, denn sie wissen nicht was sie tun!«, möchte man da nur sagen.

Im Jahr 1947 ereigneten sich auch größere Veränderungen im amerikanischen Verteidigungsministerium. Von dort rührte unter anderem die Entscheidung her, das Philadelphia-Experiment wieder auszugraben, um zu sehen, welche Fehler damals gemacht worden waren. Man bat von Neumann, sich das Projekt noch einmal anzusehen, und der glänzende Physiker willigte ein. Man verband diese Forschungen noch mit einem Projekt zur Wetterkontrolle und später sogar der Gedankenkontrolle. Diese verblüffenden Zusammenhänge möchte ich im späteren Verlauf dieses Buches noch genauer erläutern.

Offiziell verstarb John von Neumann 1957 in den USA. Diese Information war jedoch ein Ablenkungsmanöver des Marinegeheimdienstes, denn das Nachfolgeprojekt zum Philadelphia-Experiment war so »TOP SECRET«, dass nicht einmal sein Leiter mehr existent sein durfte.

5. Ein »unerwünschter« Spielfilm – Al Bielek taucht auf!

».Wenn die Wahrheit zu schwach ist, sich zu verteidigen,
muss sie zum Angriff übergehen.«
(Bertold Brecht)

Bei der englisch-amerikanischen Filmproduktionsfirma EMI-Thorn fiel im Jahre 1983 die Entscheidung, einen Film zu produzieren, der später als »Das Philadelphia-Experiment« veröffentlicht wurde. Die Außenaufnahmen für diesen Streifen wurden in den USA gedreht, während die Innenaufnahmen in einem Studio in London/England entstanden. Es war dasselbe Filmstudio, in dem auch der erste Film der »Krieg der Sterne«–Reihe produziert wurde. Der Streifen kam dann 1984 weltweit in die Kinos und lieferte durchweg recht gute Zuschauerzahlen. Leider war dies allerdings in den USA nicht der Fall. Nur lag dies nicht am mangelnden Interesse des Publikums. In einem Schreiben an die Filmfirma teilte die US-Regierung mit, dass der Film »Das Philadelphia-Experiment« in den USA »unerwünscht« sei und man deshalb von einer Veröffentlichung absehen solle. Diese freundliche »Bitte« kam völlig unerwartet, und EMI-Thorn entschied aus wirtschaftlichen Erwägungen heraus, ihr nicht nachzukommen. Nachdem der Film dann doch in den USA anlief, erwirkte die dortige Regierung eine gerichtliche Verfügung, die das Vorführen dieses Filmes in den Vereinigten Staaten für zwei Jahre verbot.
Er wurde dann 1986 doch gezeigt und schließlich auch auf Video herausgebracht. In Deutschland ist der Film heute ebenso noch als Video erhältlich und wird immer wieder auf dem einen oder anderen Privatkanal im Fernsehen ausgestrahlt.

Aber: Warum nur reagierte die amerikanische Regierung dermaßen seltsam auf einen Science-Fiction-Film? Wenn das Sprichwort »Getroffene Hunde bellen« stimmt, hatte man mit diesem Film absolut ins Schwarze getroffen. Aus genau diesem Grund wollen wir uns die Handlung dieses Streifens doch einmal genauer ansehen.

Die beiden Hauptakteure sind zwei Matrosen, die zur Besatzung des Kriegsschiffes U.S.S. Eldridge gehören. Die beiden nehmen im Marinehafen von Philadelphia als Teil der Besatzung an einem Experiment für Radarunsichtbarkeit teil. Sie sind für die Bedienung und Wartung der Generatoren zuständig, die für das Experiment im Schiff integriert wurden. Im Film spielt das Ganze im Oktober 1943. Der für das Projekt Verantwortliche ist ein relativ junger Wissenschaftler mit Namen »Dr. Longstreet«. Das Experiment wird angefahren und zunächst läuft alles nach Plan. Als von der Eldridge grün-blaue Strahlen ausgehen, stellt man auf einem Nachbarschiff die Radarunsichtbarkeit fest und gratuliert Dr. Longstreet zu der funktionierenden Tarnkappe. Plötzlich geschieht es. Von einem Moment auf den anderen verschwindet die Eldridge spurlos. An Bord des Schiffes finden sich die Matrosen völlig orientierungslos vor. Sie irren planlos umher, halten sich den Kopf und beginnen zu schreien, während das Schiff und das gesamte Umfeld eine grünliche Farbe annehmen. Die beiden Hauptakteure, welche sich zu diesem Zeitpunkt noch immer im Generatorenraum aufhalten, bemerken in diesen dramatischen Momenten, dass etwas furchtbar schief geht. Sie versuchen, die Generatoren auszuschalten, was ihnen aber nicht gelingt. Nun bekommen auch sie Angst, verlassen den Generatorenraum und springen über Bord, um diesem Irrsinn zu entkommen.
Doch anstatt ins Wasser zu fallen, durchleben sie den Flug durch eine Art Lichttunnel, sehen plötzlich auch ihr Schiff sowie eine ihnen unbekannte seltsame Versuchsplattform in diesem Tunnel festsitzen. Plötzlich bemerken die beiden, dass sie jetzt festen Boden unter den Füßen haben und es um sie herum stockdunkle Nacht ist. Sie werden gewahr, in ein unbekanntes militärisches Sperrgebiet geraten zu sein und flüchten. Nach einigen seltsamen Begegnungen stellen die beiden Matrosen fest, dass sie sich nicht mehr im Jahr 1943 sondern im Jahr 1983 befinden.
Aufgrund einer Verletzung, die er sich an Bord der Eldridge zugezogen hatte, verschwindet einer der beiden Matrosen wieder und »materialisiert« auf dem Schiff, welches sich in einer Art »Hyperraum« befindet. Der zweite Matrose, sein Name im Film ist »David Herdeg«, kommt zum Ende des Streifens dann wieder auf jenes militärische Sperrgebiet, auf

dem er mit seinem Freund auftauchte, nachdem die beiden über Bord der Eldridge sprangen. Der Seemann entdeckt, dass auch auf diesem Sperrgebiet eine Art »Experiment« von statten geht, das offenbar nicht planmäßig funktioniert. Ihm wird dann ein relativ alter Wissenschaftler vorgestellt, der sich als Leiter dieses Projekts erweist – es ist niemand anderer als Dr. Longstreet, der nun aber um vierzig Jahre gealtert ist. Zu Herdegs Überraschung erklärt Dr. Longstreet dem Matrosen, er habe schon auf ihn gewartet. Longstreet behauptet, dass sich das Experiment von 1983 mit dem Philadelphia-Experiment von 1943 verbunden hat. Die Folge davon ist, dass sich die Eldridge in einer Art Hyperraum befindet und deshalb nicht ins Jahr 1943 zurück gelangen kann. Im Film wird Herdeg daraufhin in den Hyperraum entsandt, um die Generatoren auf dem Schiff zu zerstören. Dies gelingt ihm auch, er springt aber sofort wieder über Bord und kommt erneut im Jahr 1983 an, während sein Freund an Bord der Eldridge ebenso wie das Schiff wieder im Jahr 1943 im Marinehafen von Philadelphia auftaucht.

In den Film wurde auch eine Liebesgeschichte zwischen David Herdeg und einer jungen Frau eingebaut, ein zusätzlicher Handlungsstrang, der aber für die Kernsubstanz der Geschichte relativ unbedeutend ist.

Wenn man diesen Film mit ein wenig Hintergrundinformationen im Kopf verfolgt, denkt man im ersten Augenblick, der Drehbuchautor nahm das Buch von Berlitz und Moore mit dem gleichlautenden Titel »Das Philadelphia-Experiment« aus dem Jahr 1979 zum Vorbild. Stimmt doch auch vieles überein, zum Beispiel der Name des Schiffes, das Jahr 1943, der Ort des Experiments, die Auswirkung auf die Mannschaft und vieles mehr. Wie kam man aber plötzlich darauf, dass Teile der Mannschaft möglicherweise in eine andere Zeit versetzt wurden? Wie kam der Autor darauf, dass vierzig Jahre nach dem Philadelphia-Experiment ein zweites Experiment durchgeführt wurde? Woher bezog er sein Wissen über die Verbindung der beiden mysteriösen Projekte?

Man ist jetzt natürlich geneigt zu sagen, dass es eben die Aufgabe eines Filmautoren ist, bestimmte Sachverhalte und Geschichten zu erfinden. Grundsätzlich ist diese Denkweise auch richtig. Im Falle des Philadelphia-

Alfred (Al) Bielek sorgte mit seinen Enthüllungen für großes Aufsehen. (Foto: „Rückkehr nach Montauk")

Experiments jedoch geschahen in den Jahren, nachdem der Film in den USA veröffentlicht worden war, einige ungewöhnliche Dinge, die den genaueren Beobachter zum Umdenken zwingen.

Die unglaublichen Entwicklungen in diesem Fall begannen damit, dass im September 1989 auf einer großen Konferenz zum UFO-Thema in Phönix/ Arizona, USA, ein älterer Herr an das Rednerpult trat. Sein Name war Alfred Bielek. »Al« Bielek erstaunte die Zuhörer mit seinem Wissen und der Aussage, dass er Teil des sogenannten Philadelphia-Experiments gewesen war.

Er gab an, Zeitreisen, Unsichtbarkeit und elektromagnetische Wechselfelder überlebt zu haben. Aufgrund einer an ihm durchgeführten Gehirnwäsche seien seine Erinnerungen daran im Laufe der Zeit wieder zum Vorschein gekommen. Als er 1988 den Film »Das Philadelphia-Experiment« sah, so berichtete er, drangen die meisten Erinnerungen wieder aus seinem Unterbewusstsein hoch. Später erinnerte er sich an etwa 95 Prozent seiner Erlebnisse. Bereits kurz nachdem er den Film sah, kam er in das Haus eines Mannes, von dem er heute weiß, dass er sein Halbbruder war, und sagte zu ihm und einigen Freunden, die er dort antraf: *»Ich war Teil des Philadelphia-Experiments, und ihr auch!« – »Das wissen wir«*, war die Antwort, *»wir haben nur gewartet, bis es Dir einfallen würde«.*

In dem 1990 erschienenen Buch »The Philadelphia-Experiment & other UFO Conspiracies« des amerikanischen Autoren Brad Steiger war Al Bielek als Co-Autor beteiligt und gab viele konkrete Informationen über Projekt Rainbow, dem bis dahin noch fast unbekannten Nachfolgeprojekt, und die Verwicklung von Außerirdischen in diese Vorgänge.

Passenderweise hält eine Firma namens »Timewalker Productions« das Copyright auf dieses Buch. In Deutschland jedoch ist es nie erschienen.

Laut den Aussagen Al Bieleks dematerialisierte die Eldridge im Jahre 1943 und riss ein enormes »Loch« in den Hyperraum. Es war ein Riss von vierzig Jahren von 1943 bis ins Jahr 1983 zu einem anderen Projekt. Al Bielek weiter:

Das 1990 erschienene Buch „The Philadelphia-Experiment & other UFO Conspiracies".

»Dieser schreckliche Riss in der Zeit erlaubte es einem riesigen Kontingent von Außerirdischen, in unsere Raum-Zeit-Ebene zu gelangen. Zuerst dachte ich, dies wäre nur ein merkwürdiger Nebeneffekt oder ein Folgeprodukt des Experiments. Heute verstehe ich, dass die gesamte Sache abgekartet war. Es war eine abgekartete Sache der Außerirdischen. Das gesamte Philadelphia-Experiment wurde von Außerirdischen vorbereitet, die 1934 ein Treffen mit Präsident Franklin Delano Roosevelt hatten. Meines Wissens fand dieses Treffen irgendwo im Zentralpazifik statt. Es war an Bord des Schlachtschiffes »Pennsylvania«. Roosevelt unterzeichnete dort eine Vereinbarung über den Austausch außerirdischer Technologie gegen bestimmte planetare Privilegien. Bei diesen Außerirdischen handelte es sich aber nicht um die sogenannten »Grauen«. Die Außerirdischen, die den Vertrag machten, könnten als Menschen durchgehen, nur ihre Haut erscheint leicht grünlich«.

Die U.S.S. Pennsylvania.
(Foto: National Archives)

In Brad Steigers Buch stellt Al Bielek dann noch einmal eindringlich fest, dass der eigentliche Grund des Philadelphia-Experiments war, eine »Tür« für diese humanoiden Außerirdischen zu öffnen, durch welche sie einen einfachen Zugang zur Erde erlangten.
Die Rolle, die Al Bielek, sein Halbbruder und andere in Bezug auf das Philadelphia-Experiment und dessen Nachfolgeprojekt spielen, werden wir später noch genauer betrachten.

Doch jetzt noch einmal zurück zu dem von EMI-Thorn produzierten Spielfilm »Das Philadelphia-Experiment«. Al Bielek behauptet, dass die in dem Film dargestellten Vorgänge um die Eldridge im Großen und Ganzen der Wirklichkeit entsprechen. Woher wusste man das aber? Wichtig scheint mir hier anzumerken, dass EMI-Thorn den Familien Crowley und Wilson gehört. Bei der Firmengründung war auch eine gewisse Familie Cameron beteiligt. Mit diesen drei Familien werden wir uns später noch genauer auseinandersetzen. Nun aber beginnt die Sache wirklich interessant zu werden. Preston Nichols, über den wir später noch einiges erfahren werden, war ein führender Wissenschaftler beim Nachfolgeprojekt des Philadelphia-Experiments. Nichols und Al Bielek lernten sich später sehr gut kennen. Im Jahr 1989 ereignete sich eine wirklich bizarre Geschichte, die aber für denjenigen einleuchtend klingt, der dieses Buch zu Ende gelesen hat.
Im Jahr 1989 kamen ein paar Leute nach New York und besuchten dort Preston Nichols. Irgendwie fanden sie seine Adresse heraus, kamen eines Abends zu ihm nach Hause und sagten: »Endlich haben wir Sie gefunden«. Preston meinte darauf: »Was soll das heißen«? Sein Gegenüber erwiderte recht kryptisch: »Nun, wir haben Sie schon einige Zeit gesucht. Sie sind der vierte Mann auf dem Foto«.
Preston hakte darauf leicht verwundert nach: »Von welchem Foto sprechen Sie«? Man zeigte ihm eine Fotografie eines Familienportraits, das 1890 von den Wilson-Brüdern von Thorn-Industries aufgenommen worden war. Zu den Hintermännern dieser Firma gehörte der bekannte Schwarzmagier und Okkultist Aleister Crowley. Interessant ist dabei

auch die Tatsache, dass Crowley 1890 erst fünfzehn Jahre alt war. Neben den beiden Wilson-Brüdern war auch der junge Crowley auf diesem Foto festgehalten sowie eine bis dahin unbekannte vierte Person. Diese vierte Person war zu seiner eigenen Überraschung Preston Nichols selbst. Allerdings sah er auf dem Foto etwa zehn Jahre älter aus. Man wusste, dass diese vierte Person wichtig war, und Crowley bestand damals auf der befremdlichen Feststellung, dass diese Person aus der Zukunft stammte. Diese Person, nun eben als Preston Nichols identifiziert, erzählte Crowley 1890 die ganze Geschichte des Philadelphia-Experiments, und seit 1890 hatte diese Geschichte in den Archiven von »EMI-Thorn« geschlummert. Irgendwann in den Sechzigern oder Siebzigern verbanden sich die beiden Konzerne »EMI Corporation« und »Thorn Industries« und beschlossen später, einen Film über das Philadelphia-Experiment zu drehen. Die Entscheidung zum Start fiel 1983, aber sie sagten, dass sie die eigentlichen Aufzeichnungen des Experiments seit 1890 in ihren Archiven aufbewahrten.

6. Die Phoenix–Projekte oder »Montauk erwacht«

»Die Lüge braucht die Unterstützung des Staates«
(Thomas Jefferson, 3. Präsident der USA)

Wie schon einmal erwähnt, banden hochgestellte Persönlichkeiten des amerikanischen Verteidigungsministeriums John von Neumann 1947 in ein Projekt ein, das klären sollte, was 1943 beim Philadelphia-Experiment schief gelaufen war. Als ehemaliger Leiter des Projekt Rainbow erwies sich von Neumann natürlich als der ideale Mann für solch eine Aufgabe. Gleichzeitig war aber auch ein Projekt im Gange, das sich mit Möglichkeiten der Wetterkontrolle befasste. Man beschloss, die Nachfolgeforschungen zum Philadelphia-Experiment mit diesem Wetterkontrollprojekt zu verbinden. Das Resultat dieser Verbindung war das »Phoenix-Projekt«.
Das Wetterkontrollprojekt beruhte auf den Forschungen eines österreichischen Wissenschaftlers namens Wilhelm Reich. Reich hatte zusammen mit C. G. Jung und Sigmund Freud studiert. Reich war zu seiner Zeit als Wissenschaftler sehr umstritten. Er wurde vor allem durch die Entdeckung der sogenannten »Orgon-Energie« bekannt. Diese Orgon-Energie wird auch als eine Art Lebensenergie angesehen. Seine Forschungen zeigten, dass sich die Orgon-Energie deutlich von elektromagnetischer Energie unterscheidet. Reich konnte die Orgon-Energie im Laborversuch nachweisen, was dazu führte, dass viele medizinische und psychiatrische Fachzeitschriften darüber berichteten. Die Entdeckung wurde zunächst akzeptiert und Wilhelm Reich begann Orgon mit kosmischer Energie und mit dem Newtonschen »Ätherkonzept« in Verbindung zu bringen. Der Newtonsche Äther wird als eine hypothetische, unsichtbare Substanz verstanden, die den gesamten Kosmos erfüllt und durchdringt. Der Äther soll somit auch als Trägermedium für Licht und Strahlungsenergie dienen. Reich begann auch zu behaupten, er könne Krebserkrankungen mit Hilfe von Orgon heilen.
Irgendwann wurde ihm dann klar, dass es möglich sein müsste, mit dem Wissen um Orgon letztlich sogar die Wetterverhältnisse zu beeinflus-

sen. Er entdeckte, dass heftige Stürme »Totes Orgon« anhäufen. Dieses Phänomen nannte er »DOR« (für »DeadORgon«). Totes Orgon ist damit die Anhäufung sogenannter »toter Energie« oder besser gesagt, es ist die Energie einer abfallenden Spirale. Somit würde zum Beispiel ein aktiver, lebensfroher Mensch über relativ viel Orgon-Energie verfügen. Im Gegensatz dazu besitzt ein lebensmüder, depressiver Mensch eher jene DOR-Energie. Man fand heraus, dass die DOR-Menge in einem Unwetter für dessen Heftigkeit zuständig ist. Je mehr DOR im Spiel ist, desto heftiger ist auch das Unwetter. Reich führte Experimente durch, um solche DOR-Energien zu eliminieren, und es gelang ihm dann tatsächlich die Sturmstärke mit Hilfe einer einfachen elektromagnetischen Methode zu verringern. Die US-Regierung wurde dann Ende der vierziger Jahre von Reich über diesen Durchbruch informiert. Und die Regierung handelte schnell. Die besten Wissenschaftler wurden beauftragt, Reichs Erfindung mit den existierenden Wetterüberwachungsgeräten zu verbinden. Was dabei herauskam, war die sogenannte »Radiosonde«.

Bei den vorhandenen Wetterüberwachungsgeräten handelte es sich um mechanische Vorrichtungen, die in der Lage waren, Temperatur, Luftfeuchtigkeit und Luftdruck zu messen. Die Vorrichtung wurde mit Hilfe eines Ballons in die Luft gebracht. Dort gesammelte Daten hielten die Forscher auf Lochstreifen fest und per Fallschirm konnte das Experiment wieder sanft auf der Erde abgesetzt werden.

Die Radiosonde war nichts anderes als die Verbindung dieser Vorrichtung mit Reichs »DOR-Auflösungs-Gerät«. Mit Hilfe dieser Radiosonden wurde es nun möglich, das Wetter so zu beeinflussen, wie es eben gewünscht wurde. Verlangte man nach einer Wetterbesserung, wurden die Sonden so eingestellt, dass man Orgon-Energie zuführte, um damit das DOR zu neutralisieren. Selbstverständlich war (und ist) es umgekehrt auch möglich, durch Zufuhr von DOR eine Wetterverschlechterung herbeizuführen. Dadurch ist natürlich der Manipulation Tür und Tor geöffnet. Auf diese Art und Weise kann man das Wetter auch als Waffe einsetzen. Das war der Entwicklungsstand vor sechzig Jahren! Nach so langer Zeit könnte diese »Waffe« bereits deutlich optimiert worden sein. Wer weiß?

Als die Untersuchungen bezüglich des »missglückten« Philadelphia-Experiments in das Wetterkontrollprojekt eingebettet wurden – dort waren nämlich die zu dieser Zeit besten Wissenschaftler tätig – legte man das Hauptaugenmerk auf die Untersuchung des »menschlichen Faktors«. Dies war die Geburtsstunde des »Phoenix-Projekts«.
John von Neumann wurde die Gesamtleitung übertragen. Die Kommandostelle des Projekts befand sich zu Beginn in den Brookhaven-Laboratorien auf Long Island/New York. Als man sich daran machte, zu ergründen, warum die Mannschaft auf der Eldridge beim Philadelphia-Experiment so fatal in Mitleidenschaft gezogen worden war, begriff von Neumann, dass es schlichtweg unvermeidlich wurde, sich auch mit »Metaphysik« auseinanderzusetzen. Für einen Naturwissenschaftler ist das allerdings schon eine bemerkenswerte Einsicht, wie ich finde. Es wurde notwendig, den metaphysischen Aspekt des Menschen zu erfassen, um endlich herauszufinden, was mit der damaligen Schiffsbesatzung wirklich geschehen war.
John von Neumann und sein Team machten sich also an die Arbeit. Sie mussten wissen, warum der Mensch als biologische Einheit so massive Probleme mit elektromagnetischen Feldern hat, Feldern, welche die Raumzeit beeinflussen. Nach fast zehnjähriger Forschung und unzähligen Versuchen fand man schließlich etwas geradezu Sensationelles heraus. Man entdeckte, dass jeder Mensch mit einem sogenannten »Zeitbezugspunkt« geboren wird. Das heisst, im Moment der Empfängnis, beim Akt von Mann und Frau, klinkt sich ein energetisches Wesen oder auch »Seele« genannt ein und markiert damit einen Art »Anfangspunkt« seines Daseins. Um das nachvollziehen zu können, wird es wichtig, unsere Seele als getrennt vom physischen Körper zu sehen. Die Seele ist unser eigentliches »Ich«. Unser gesamtes Verständnis als Verbindung eines physischen und eines metaphysischen Wesens stützt sich auf den gerade beschriebenen »Zeitbezugspunkt«, der sich wiederum in Abhängigkeit vom elektromagnetischen Feld unseres Planeten befindet. Aber dazu später mehr. Der Zeitbezugspunkt ist auch ein grundlegender Orientierungspunkt für unser Verständnis des Universums und seiner Abläufe. Wird einem Menschen

dieser Bezugspunkt genommen, so treibt er völlig orientierungslos im »Nirgendwo«. Solch ein Mensch wird im wahrsten Sinne des Wortes ver-rückt. Und genau dies muss die Besatzung der U.S.S. Eldridge erlebt haben. Die Matrosen verloren durch das Experiment ihren Zeitbezugspunkt zum gesamten Universum, was unfassbares Leid über sie brachte. Die Technologie des Rainbow-Projekts erschafft eine Art »künstliche Realität«. Sie macht nicht nur das Schiff für die Radarwellen unsichtbar; auch alle Personen an Bord werden wie in einem Vakuum von der Zeit abgeschnitten. Die so erzeugte »künstliche Realität« ist nicht mehr Teil des normalen Zeitstroms und hat deswegen auch keinen Zeitbezug mehr. Man befindet sich gänzlich außerhalb der Zeit.

Den Wissenschaftlern um John von Neumann wurde klar, dass das Problem darin bestand, die Menschen in dieses Raum-Zeit-Vakuum hinein und wieder herauszubekommen und gleichzeitig dafür zu sorgen, dass deren Zeitbezugspunkt nicht verloren geht. John von Neumann gelang es schließlich, dieses Problem mit Hilfe der Computertechnologie zu lösen. Man schuf innerhalb der »elektromagnetischen Flasche« eine virtuelle Realität, eine Art Scheinwelt, um denjenigen Menschen, die sich darin befanden, die Möglichkeit zu geben, weiterhin ein »normales« Fließen der Zeit wahrzunehmen.

Ohne diese Scheinwelt gerieten Geist und Körper der betroffenen Personen aus dem Gleichklang, was sie unweigerlich in den Wahnsinn führen würde.

Bei all diesen Forschungen fand man auch heraus, dass sich das menschliche Gehirn und somit das menschliche Bewusstsein durch die Einwirkung bestimmter elektromagnetischer Wellen manipulieren lässt. Diese Erkenntnis führte zu Untersuchungen, die belegten, dass es durchaus möglich ist, Maschinen zu bauen, welche das menschliche Denken beeinflussen können.

Das Phoenix-Projekt befand sich im Jahr 1967 auf dem Höhepunkt seiner Entwicklung. Seine führenden Köpfe erarbeiteten einen umfangreichen Abschlussbericht und übergaben ihn dem amerikanischen Kongress, der die bisherige Arbeit finanzierte und nun die Ergebnisse sehen wollte. Als die

Kongressabgeordneten entdeckten, welche Möglichkeiten der Bewusstseinskontrolle sich aufgrund der Forschungen realisieren ließen, verweigerte man die Zustimmung für die entsprechenden Folgeprojekte. Die Mitglieder des Kongresses hatten einfach Angst, dass sie selbst Opfer einer solchen Bewusstseinskontrolltechnik werden könnten, falls die entsprechenden Maschinen in die falschen Hände gerieten. Von daher beschlossen die Politiker eine völlige Einstellung des Phoenix-Projekts bis 1969.

Doch noch bevor das Projekt aufgelöst wurde, lagen den Geheimdiensten und der sogenannten »Geheimregierung«, die übrigens auch die amerikanische Währung unter ihrer Kontrolle hat, alle wichtigen Informationen zu den Entdeckungen von John von Neumann und seinem Team vor.

Wer oder was ist eigentlich die »geheime Regierung«? Ein kleiner Exkurs soll das zumindest in den Grundzügen erhellen. Jene Gruppe bezeichnet sich auch gerne als »Illuminati«, was soviel heisst wie »Die Erleuchteten«. Man sollte sie aber nicht verwechseln mit den sogenannten Illuminaten. Die Illuminaten sind Angehörige einer im Jahre 1776 in Bayern gegründeten Geheimgesellschaft, die schon früh damit begann, andere geheime Zirkel, zum Beispiel die Freimaurerei, zu unterwandern. Wenn man so will, sind die »Illuminaten« eine der wichtigsten Unterorganisationen der »geheimen Weltregierung« oder »Illuminati«. Wie schon der bekannte Spruch »Geld regiert die Welt« so trefflich feststellt, finden wir unter den Mitgliedern der »geheimen Regierung« fast ausschließlich Mitglieder der sogenannten Hochfinanz. Zu dieser Thematik gibt es sehr viel interessante Literatur, in der dann immer wieder Namen wie zum Beispiel »Rothschild«, »Rockefeller« oder »Morgan« eine Rolle spielen. Nun aber zurück zum Phoenix-Projekt.

Natürlich wurde auch der sogenannte »Militärisch-Industrielle-Komplex« über die Resultate des Projekts informiert. Man präsentierte die entwickelte Technik führenden Militärs, die von den neuen Potentialen begeistert waren. Man stelle sich aus der Sicht eines hohen Militärs doch nur einmal einen Apparat vor, der ermöglicht, dass sich der Feind ohne Gegenwehr von selbst ergibt. Diesbezüglich geben die beiden Autoren Preston Nichols und Peter Moon in ihrem Buch »Das Montauk-Projekt« einen Hinweis darauf, dass diese

Technologie möglicherweise beim ersten Golfkrieg gegen den Irak eingesetzt wurde.

Darin wird der Bericht eines CNN-Reporters angeführt, der mit einer amerikanischen Streife auf Patrouille war. Im Laufe dieses Wachgangs wurde eine Einheit von etwa dreißig irakischen Soldaten auf einer Sanddüne entdeckt. Während nun die Amerikaner überlegten, wie sie die Irakis zur Aufgabe bewegen konnten, flog plötzlich ein US-Hubschrauber über die Köpfe der Feinde hinweg. Der Hubschrauber hatte noch kaum die nächste Düne erreicht, da standen die Irakis schon mit hoch erhobenen Armen auf, um sich zu ergeben.

Das 1994 auch in Deutschland erschienene Buch "Das Montauk Projekt".

Solche Vorkommnisse standen bei diesem Krieg fast an der Tagesordnung. Ich sehe noch heute die Fernsehbilder vor mir, in denen gezeigt wurde, wie ein einziger US-Soldat rund einhundert irakische Soldaten im Schach hielt, die soeben ohne irgendwelche Kampfhandlungen aus ihren Bunkern kamen, um sich zu ergeben.

Doch jetzt wieder zurück zum „Phoenix-Projekt". Wie schon erwähnt, waren die Militärs von einer solchen Technik der Bewusstseinsmanipulation begeistert und erklärten sofort ihre Bereitschaft zur Zusammenarbeit. Die Finanzierung wurde durch die sogenannte »Brookhaven-Gruppe« gesichert, die wiederum enge Kontakte zur Geheimregierung pflegte. Woher die finanziellen Mittel für das geplante Vorhaben ursprünglich stammten, werde ich im Laufe des Buches noch aufgreifen. Was man aber unbedingt vom Militär benötigte, war eine geeignete Örtlichkeit, um die weiteren Forschungen möglichst ungestört und geheim durchführen zu können. Auch eine spezielle Ausrüstung sowie Personal mussten vom Militär bereitgestellt werden.

Eine der wichtigsten Vorrichtungen für die anstehenden Experimente war ein sogenanntes SAGE-Radar. SAGE-Radar (SAGE = Semi-Automatic

Ground Environment) galt zwar zu jenem Zeitpunkt als längst überholt, für die Forschungen zur Bewusstseinskontrolle aber ist es ideal.

Der Reflektor des Sage-Radars in Montauk.

Das nach außen hin auffälligste an diesem Radar ist sein Reflektor. Er besitzt in etwa die Form einer Bananenschale und die Länge eines Fußballfeldes. Doch für die Wissenschaftler war anderes ausschlaggebend, nämlich, dass mit diesem Radar und mit Hilfe einer speziellen Radiosonde spezielle Arbeiten im Frequenzbereich von 425 bis 450 Megahertz möglich waren. Aus früheren Forschungen wusste man, dass hier sozusagen die »Schlüsselfrequenz« lag, um in das menschliche Bewusstsein einzudringen.

Aufgrund dieser Vorgaben kam es dazu, dass das Militär für die geheimen Nachfolgeforschungen zum Phoenix-Projekt einen Ort vorschlug, der alle Voraussetzungen erfüllte: »Camp Hero« in Montauk Point, USA.

Montauk liegt am äußersten Ende der Halbinsel von Long Island im US-Bundesstaat New York. Gerade Montauk Point zeichnet sich durch eine sehr abgeschiedene Lage aus und eignet sich daher auch gut für Forschungen, die eben vor allem im »Verborgenen« stattfinden sollen. Auf Montauk Point befand sich wie erwähnt der kleine, stillgelegte Luftwaffenstützpunkt »Camp Hero«. Und genau er wurde dafür ausgesucht, die Experimente zur Bewusstseinskontrolle fortzuführen. Das SAGE-Radar auf Camp Hero war in den fünfziger und sechziger Jahren ein Teil des Frühwarnsystems der USA.

Das Projekt erhielt die Bezeichnung »Projekt Phoenix II«, wurde aber später auch als das sogenannte »Montauk-Projekt« bekannt. Von diesem

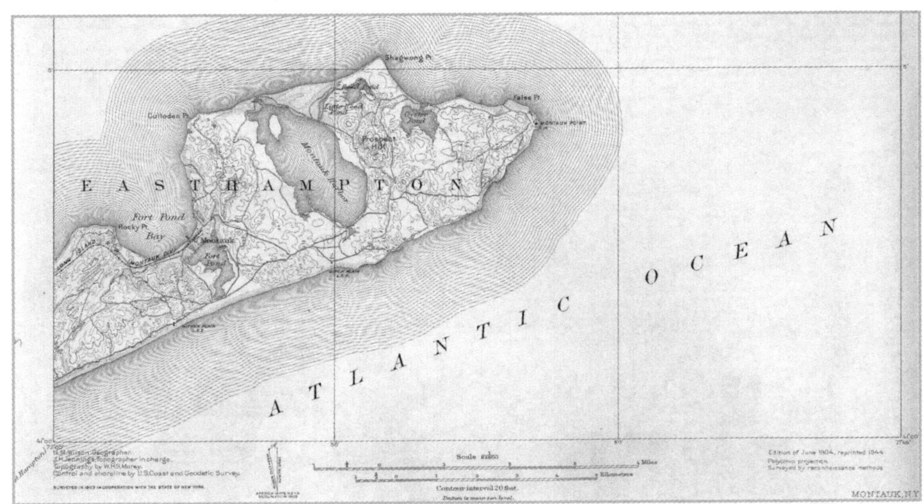

Montauk liegt am äußersten Ende der Halbinsel von Long Island im US-Bundesstaat New York.

Zeitpunkt an setzte eine unkontrollierte Gruppe ein hochgefährliches Projekt ohne Wissen des amerikanischen Kongresses und der amerikanischen Öffentlichkeit fort.

Die Absicht hinter diesem Projekt lag ganz klar darin, eine Waffe zur absoluten Kontrolle der Bevölkerung zu kreieren. Die »Montauk Air Force Base« wurde dann zum Jahreswechsel 1970/1971 wieder aktiviert. Natürlich brauchten die Vorbereitungen für die anstehenden Forschungen ihre Zeit, und so startete das Projekt schließlich Ende 1971. Man begann die Forschungen mit sogenannten »Mikrowellen-Experimenten«. Dabei wurde der Radarreflektor in eine ganz bestimmte Richtung

Das SAGE-Radar auf Camp Hero war ein Teil des Frühwarnsystems der USA.

„Camp Hero" – Schauplatz des „Montauk-Projekts"!

(Westen) gedreht, so dass er auf ein ausgesuchtes Gebäude zeigte. Im Inneren dieses Gebäudes gab es einen abgeschirmten Raum mit einem seltsam anmutenden »Spezialstuhl«. In diesem Stuhl saß eine Versuchsperson. Das SAGE-Radar begann daraufhin mit gewaltiger Leistung, Mikrowellenenergie in Richtung des Gebäudes abzustrahlen. Die Forscher experimentierten mit den verschiedensten Schwingungen und Frequenzen, um so die Auswirkungen auf die Versuchsperson im Gebäude festzustellen und zu dokumentieren. Auf diese Weise konnte man bei dem Probanden die unterschiedlichsten Reaktionen erzeugen. Je nach Art der Einstrahlung erzeugte man Wut, Ärger, Lachen oder Weinen. Man vermochte die Versuchsperson im Stuhl sogar in Tiefschlaf zu versetzen. Im Laufe der Zeit gelang den Wissenschaftlern mit Hilfe verschiedener Frequenzen, die Gehirnwellen der Versuchsperson so zu trainieren, dass man die vollständige Kontrolle über deren Gedanken hatte. Allerdings führte die starke Mikrowellenbestrahlung zu extremen gesundheitlichen Schäden bei den Probanden. Die betroffenen Personen erlitten ernsthafte Hirn- und Membranschäden, wobei das Gehirn zum Teil regelrecht »ausgebrannt« wirkte. Als man dann in den Jahren 1972 und 1973 herausfand, dass es neben der bisher verwendeten »brennenden Strahlung« auch eine sogenannte »nichtbrennende Strahlung« gab, die sogar einen höheren Wirkungsgrad bei den Versuchspersonen zeigte, reduzierte sich auch deren gesundheitliche Gefährdung. Das SAGE-Radar wurde einfach um 180 Grad gedreht, die gefährliche »brennende Strahlung« richtete sich in den Himmel und der Proband wurde von den ungefährlichen »nichtbrennenden Strahlen« getroffen. Um hier ja keinen falschen Eindruck zu hinterlassen, möchte ich ganz klar zu bedenken geben, dass hier unschuldige Leute als Versuchskaninchen benutzt wurden. Diese Menschen erlitten schwerste gesundheitliche und psychologische Schäden. Das Ergebnis verbrecherischer Experimente, die mit nichts, aber auch gar nichts zu rechtfertigen sind.

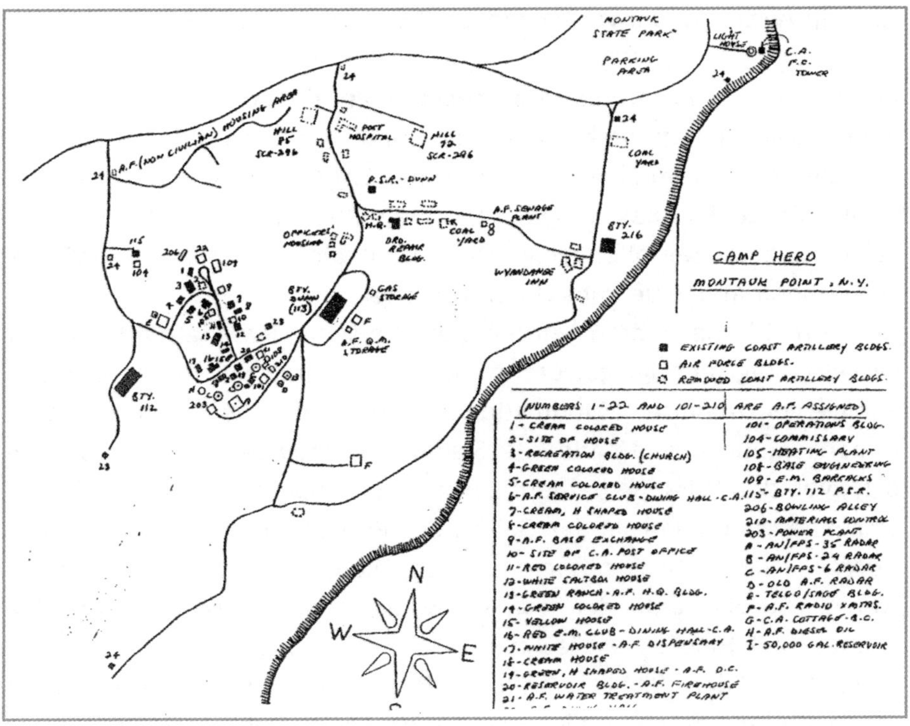

Private Untersucher fertigten einen Lageplan der Gebäude in Camp Hero.

Man war in diesem frühen Stadium des Montauk-Projekts daran interessiert, Menschen durch die Veränderung von Gedanken und Gefühlen vollständig überwachbar werden zu lassen. Schließlich wollten die Verantwortlichen auf Camp Hero auch wissen, welche Reichweite das SAGE-Radar besitzt. Sie wollten sehen, auf welche Entfernung eine wirksame Bewusstseinskontrolle damit noch möglich ist. So wurde auch die umliegende Gegend von Montauk-Point eingebunden und ganz unfreiwillig zum »Opfer« dieser Versuche, ohne bewusst das Geringste wahrzunehmen. Was auch immer man ausprobierte, man achtete peinlich genau darauf, alle Daten zu sammeln und in einer riesigen Datenbank zu speichern. Die Techniker kreierten bei ihren Versuchen ein »Spiel«, dass sie »Frequenz-Springen« nannten. Dabei programmierten sie den für die Radarfrequenzen zuständigen Computer derart, dass er andauernd nach dem Zufallsprinzip zwischen fünf verschiedenen Frequenzen hin und her sprang.

Im Laufe dieser Experimente entdeckte man, dass die Wirkung der Frequenzen auf den menschlichen Geist immer stärker wurde, je schneller sich die Frequenzen abwechselten. Diese Entdeckung wurde für das gesamte Montauk-Projekt wegweisend, denn hier wurde der Schlüssel zur Krümmung der Zeit offengelegt. Die Anzahl der bei diesen Experimenten gewonnen Daten wuchs ins Unermessliche.
Nach drei bis vier Jahren wurden diese Versuche beendet und man entwickelte aufgrund der gewonnen Daten ein Gerät, das in der Lage war, infolge von Impulsen, Modulationen und Frequenzsprüngen komplexe Gedankenmuster zu schaffen. Ja, Sie haben richtig gelesen. Jeder x-beliebige, von den Wissenschaftlern gewollt hervorgerufene Gedanke konnte erschaffen und damit in das Gehirn des Probanden implantiert werden. Doch war noch etwas anderes möglich: Die Gedanken der Versuchsperson im »Spezialstuhl«, der eine Art »Gedankenlesemaschine« darstellte, konnten mit Hilfe dieser Technik und dem leistungsstarken SAGE-Radar verstärkt werden. Richtete man das Radar zum Beispiel auf eine Menschengruppe, übernahm diese das auf sie »abgestrahlte« Gedankenmuster der Versuchsperson im Stuhl.

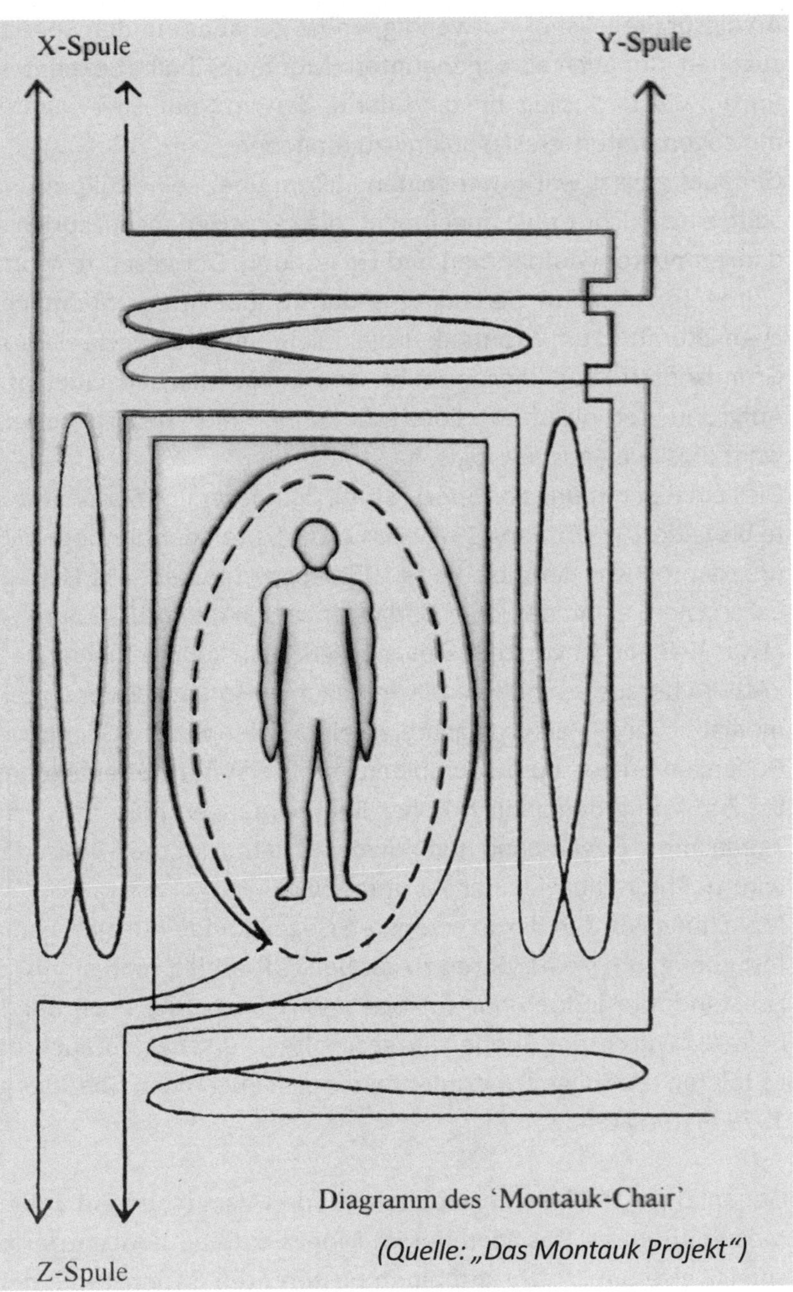

Diagramm des 'Montauk-Chair'

(Quelle: „Das Montauk Projekt")

An dieser Stelle ist es notwendig, etwas genauer auf den Spezialstuhl einzugehen, der auch als sogenannter »Montauk-Chair« bekannt wurde. Das Prinzip dieses Sessels bestand darin, den im Stuhl sitzenden Probanden mit sogenannten »Teslaspulen« zu umgeben.
Genauer gesagt war unter seinen Füßen, über seinem Kopf und zu jeder Seite eine solche Spule angebracht, die seine Gedanken, sprich seine »Gedankenmuster« aufnahmen und verstärkten. Der gesamte Montauk-Chair wurde so zu einem Gedankensender. Es gibt in der öffentlich zugänglichen Literatur zum Montauk-Projekt sehr viele Hinweise darauf, dass die Grundkonstruktion dieses Stuhls aus außerirdischen Quellen stammte. Aufgrund der okkulten Hintergründe der hier besprochenen Projekte wäre dies auch absolut logisch.
Die Feinabstimmung von Spezialstuhl, Computer und Sendeantenne dauerte bis Ende 1975/Anfang 1976. Das Ausarbeiten der benötigten Computerprogramme war dann bis Ende 1977 abgeschlossen. Mit Hilfe der unfassbaren Energie, mit der jener Gedankenverstärker ab 1978 arbeitete, wurde etwas beinahe Unvorstellbares möglich: Man konnte Dinge quasi aus dem »Äther« heraus erschaffen. Die Person im »Montauk-Chair«, meistens eine medial begabte Person, dachte an einen bestimmten Gegenstand, dieses Gedankenmuster wurde durch den Stuhl verstärkt weitergegeben, und unter Zuführung unglaublich hoher Energiemengen materialisierte sich der »gedachte« Gegenstand irgendwo auf der Montauk-Basis. Psychisches wird zu Physischem! In der Tat unfassbar!
Manchmal wurden die so erzeugten Gegenstände nur sichtbar, aber nicht fest genug, um sie berühren zu können. Oft erhielt man einen soliden Gegenstand, der jedoch nur solange »real« blieb, wie auch der Sender arbeitete. Wurde der Sender ausgeschaltet, verschwand auch das Objekt. Es folgten unzählige Experimente, die sich auch noch über das ganze Jahr 1979 erstreckten.

Gegen Ende 1979 bemerkte man bei den Versuchen ein äußerst seltsames Phänomen. Das Medium im Montauk-Chair konzentrierte sich beispielsweise um 19 Uhr auf einen bestimmten Gegenstand, der sich materialisieren sollte. Jedoch tauchte das Objekt erst Stunden später auf. Die Wissenschaftler begannen dieses Phänomen genau zu untersuchen und stellten fest, dass hier auf irgendeine Art die Zeit selbst gekrümmt worden war. Auf sogenannten »Sigma-Konferenzen«, die in der Nähe von Olympia/Washington abgehalten wurden, begannen ausgewählte Spezialisten »die Zeit und ihre Funktionen« zu erörtern. Das Resultat war, dass – sobald man den Sender in Montauk optimieren würde – Zeitmanipulationen durchaus im Bereich des Möglichen lägen. Ja, Sie haben richtig gelesen. Zeitmanipulationen!

Die Anlage in Montauk wurde nun entsprechend der vorangegangenen Überlegungen umgebaut. Man benutzte eine neue und spezielle Art von Antennenaufbau, die sogenannte »Delta-T-Antenne«. Diese Delta-T-Antenne war eine riesige oktaederförmige Antenne und wurde unterirdisch auf dem Gelände von Camp Hero installiert.

Die Delta-T-Antenne wurde entworfen, um die Zeit zu »biegen«. Genauer gesagt, erleichtert sie es, Zeitzonen zu verschieben. Sie sieht aus wie zwei Pyramiden, deren Grundflächen aufeinander liegen. Zwei Spulen werden dabei vertikal an den Kanten der Pyramidenstruktur in 90-Grad-Winkeln zueinander plaziert. Eine dritte Spule umgibt dabei die Basis. Die Verschiebung von Zeitzonen wurde dadurch erzielt, dass man elektrische Impulse durch die Antenne schickte. Sogar in nicht betriebenem Zustand soll die Antenne einen feinen interdimensionalen Effekt auf die Beschaffenheit der Zeit selbst haben.

Das Bild zeigt eine echte Delta-T-Antenne, welche über den Space Time Labs auf Long Island steht. (Foto: „Rückkehr nach Montauk")

Unterhalb des Montauk-Senders wurden Gewölbe mit Durchmessern von etwa einhundert Metern geschaffen, um die Antenne, die immerhin zwischen dreissig und fünfundvierzig Meter hoch war, unterbringen zu können. Den »Montauk-Stuhl« plazierte man genau zwischen dem Sender und der Antenne. Ab 1980 wurde so der große Radarreflektor auf dem Dach der Montauk-Basis nicht mehr genutzt.
Mit Hilfe der neuen, verbesserten Versuchsanordnung bemühte man sich jetzt, die Zeit zu krümmen. Das Medium nahm wieder im Spezialstuhl Platz, diesmal konzentrierte es sich aber nicht auf einen Gegenstand, sondern auf eine künstliche Zeitöffnung. Der Proband im Montauk-Chair konzentrierte sich zum Beispiel auf eine Zeitöffnung von 1980 (seine Gegenwart) hin zum Jahr 1985. Genau zu diesem Zeitpunkt erschien inmitten der riesigen Delta-T-Antenne eine Art »Loch« oder »Zeittor«. Solange dieses Tor existent blieb, war es für anwesende Personen sogar möglich, durch dieses Tor von 1980 ins Jahr 1985 zu gehen. Das Zeittor ähnelte einem spiralförmigen Tunnel mit einer Lichtquelle am anderen Ende. Allerdings gab es zu Beginn der Versuche ein Problem. Ging ein Proband durch dieses Tor zum Beispiel ins Jahr 1940, so geschah es immer wieder, dass sich das Tor plötzlich leicht in Raum und Zeit verschob und die Versuchsperson nicht mehr zurückkehren konnte. Dieses Problem bekam man gegen Ende 1981 aber auch in den Griff. Im Grunde genommen nutzten die Forscher die natürlichen, durch den Biorhythmus der Erde entstandenen Energiewirbel, die alle zwanzig Jahre am 12.August 1903, 1923, 1943, 1963, 1983 und so weiter, auftreten. Diese Termine dienten als Ankerpunkte für den »Zeit-Hauptwirbel«. In Montauk verwendete man den 12. August 1983 als Ankerpunkt. Auf den zwanzigjährigen Erdbiorhythmus werde ich in einem der nachfolgenden Kapitel noch näher eingehen.

Sobald es möglich war, stabile Zeitreisen durchzuführen, wurden die meisten Mitarbeiter des Projekts ausgewechselt. Einige wenige Schlüsselpositionen blieben unverändert. Übrigens lag die Leitung des Projekts zu dieser Zeit immer noch bei Dr. John von Neumann, der »offiziell« bereits seit vielen Jahren tot war. Das neue Personal war nur noch über das informiert, was es unbedingt wissen musste.

Man unternahm unglaubliche Reisen in der Zeit und versuchte sogar die Geschichtsschreibung zu verändern. Man wollte Gott spielen, jedoch wurden Stimmen immer lauter, dass dies ein sehr gefährliches Spiel sei. Einige Mitwirkende des Projekts, darunter auch das Medium im Montauk-Stuhl, entschlossen sich letztendlich dazu, das Projekt zu sabotieren. Man verabredete, dass das Medium am 12. August 1983 kein neues Zeittor kreieren würde, sondern mit Hilfe seiner Gedanken ein Wesen erschafft, das die gesamte Basis zerstören sollte. Dies wurde auch umgesetzt, allerdings kam es dazu, dass sich auf unerklärliche Art und Weise auch eine Verbindung zwischen dem Philadelphia-Experiment von 1943 und dem Montauk-Projekt von 1983 auftat und mindestens zwei Matrosen sich plötzlich im Jahre 1983 auf Long Island wiederfanden. Nach diesen Ereignissen wurde die Montauk-Basis sehr schnell geräumt. Den beteiligten Personen wurde auf Anordnung der »Geheimregierung« eine Gehirnwäsche verpasst und damit hatte dieses Projekt offiziell nie stattgefunden. Denn die tatsächlichen Inspiratoren hatten erreicht, was sie wollten. Einen vierzigjährigen Raum-Zeit-Riss von 1943 bis 1983!

7. Montauk–Teilnehmer offenbaren sich!

»Denn nicht alle kehren wieder...«
(Sophokles)

Eine der Personen, die auch am Montauk-Projekt beteiligt war, ist dem Leser schon bekannt. Al Bielek hat ja bereits bei seinem »Outing« auf der UFO-Konferenz in Phönix/Arizona seine Beteiligung am Nachfolgeprojekt des Philadelphia-Experiments bekanntgegeben. Nun, Al´s Lebensgeschichte ist zwar höchstinteressant, allerdings nicht unbedingt einfach zu erklären. Aus diesem Grunde werde ich dies hier relativ oberflächlich behandeln und verweise die noch etwas neugierigeren Leser auf die erhältliche Literatur zum »Montauk-Projekt«, wie sie im anhängenden Literaturverzeichnis angegeben ist.
Alfred Bielek wurde Anfang des 20. Jahrhunderts eigentlich als »Edward Cameron« in den Vereinigten Staaten geboren. Als junger Mann ging eben jener Edward Cameron – noch vor dem Eintritt der USA in den zweiten Weltkrieg – zusammen mit seinem Halbbruder »Alexander Duncan Cameron, Jr.« zur Kriegsmarine. Ausschlaggebend für diese Entscheidung dürfte wohl auch der Vater der beiden gewesen sein, »Alexander Duncan Cameron, Sr.«, der für den Marinegeheimdienst arbeitete. 1936 wurden die beiden Halbbrüder in die Offizierstrainingsschule nach Princeton geholt.
Edward Cameron und sein Halbbruder waren dann für einige Zeit auf Pearl Harbour/Hawaii stationiert. Ein paar Tage vor dem »überraschenden« Angriff der Japaner auf Pearl Harbour wurden die beiden mit dem Hinweis »dass etwas passieren wird«, auf das amerikanische Festland gebracht. Soviel auch zum Kriegseintritt der USA durch diesen »überraschenden« Angriff. Sehr viele Matrosen verloren beim Angriff auf Pearl Harbour ihr Leben, aber eine kleine mächtige Gruppe von Leuten benötigte eben einen Kriegsgrund.

Zurück zu den Cameron-Brüdern. Möglicherweise auf Wunsch ihres Vaters gelangten die beiden zum Projekt Rainbow und wurden Teil der

Auszug aus dem Princeton-Jahrbuch 1936. Links oben ist der damalige Alexander Duncan Cameron Jun. abgebildet. (Foto: Al Bielek)

Besatzung der U.S.S. Eldridge. Sie hatten die Aufgabe, im Inneren des Schiffes die Spezialgeneratoren zu überwachen. Der Grund, warum die Brüder nicht wie ihre Kameraden bei Beginn des Experiments sofort den Verstand verloren, bestand darin, dass es im Inneren des Schiffes eine gewisse Abschirmung durch die Stahlwände gab. Die Camerons sahen jedoch, welche Auswirkungen das Experiment auf ihre Kameraden hatte, und so sprangen sie über Bord. Doch anstatt ins Wasser der Marinewerft von Philadelphia zu fallen, landeten sie im Jahr 1983 auf dem Gras der Militärbasis in Montauk Point auf Long Island. Nach den aktuellsten Informationen waren es nicht nur die beiden, es sprangen insgesamt mindestens vier Besatzungsmitglieder über Bord.

Sie können sich das Gesicht der beiden Cameron-Brüder vorstellen, als sie überraschend von einem vierzig Jahre älteren Dr. John von Neumann

empfangen wurden, der sie schon ungeduldig erwartete. Wie bereits angedeutet, gingen die beiden zurück auf die Eldridge, um die Generatoren auf dem Schiff zu zerstören. Allerdings halte ich es bereits jetzt für sehr wichtig einzufügen, dass dies nicht sofort geschah. Vorher schickte man die beiden Matrosen noch auf ein paar »Exkursionen« in die Raumzeit. Als sie dann aber endlich doch die Generatoren auf der Eldridge zerstört hatten, befand sich Edward Cameron (der jetzige Al Bielek) wieder im Jahr 1943 im Hafen von Philadelphia. Sein Bruder allerdings sprang noch einmal über Bord und war so im Jahre 1983 in Montauk gelandet. Bevor ich beschreiben werde, was dann mit ihm in Montauk geschah, möchte ich allerdings die Geschichte von Al Bielek noch zu Ende führen. Edward Cameron setzte seine Karriere bei der Marine fort. Aufgrund seines Wissens über das Philadelphia-Experiment und seine diesbezüglichen Erfahrungen, unterstand er der höchsten Sicherheitsstufe und wurde streng geheimen Projekten zugeteilt. Dabei ging es unter anderem um »Freie-Energie-Fahrzeuge«. Allerdings fühlte er sich aufgrund der Geheimhaltung nie sehr wohl bei diesen Projekten und äußerte diese Besorgnis auch. Eines Tages wurde er vor den Augen seiner Familie von angeblichen Geheimdienstagenten wegen Geheimnisverrats verhaftet. Alle Beteuerungen, dass dies ein Irrtum sein müsse, halfen nichts. Er wurde mitgenommen. Sobald sie mit ihm alleine waren, teilten ihm die »Agenten« mit, dass dies nur ein Trick gewesen sei, um ihn mitnehmen zu können.
Der amerikanische Geheimdienst NSA (National Security Agency) verfügt nach den Informationen von Al Bielek und anderer am Montauk-Projekt Beteiligter über viele Arten von unglaublichen, geheimgehaltenen Technologien. Mit diesen Technologien können sie die genetische Matrix eines Individuums bearbeiten, ebenso die äußere Matrix, die um sie herum aufgebaut ist. Es ist ihnen damit möglich, das physische Altern von Menschen zurückzudrehen oder zu forcieren.

Genau diese Technik benutzte man bei Edward Cameron, nachdem man ihn einer Gehirnwäsche unterzogen hatte, um alle Erinnerungen an sein bisheriges Leben effektiv aus seinem Bewusstsein zu löschen. Die Verantwortlichen wandten die Technik der »Alterungsregression« bei ihm an, verjüngten seinen Körper bis in das Alter eines Einjährigen und versetzten ihn in die Vergangenheit. Man schleuste ihn dann in die Familie Bielek ein, dessen einjähriger Sohn kurz zuvor verstorben war. Ohne zu wissen, wer er eigentlich wirklich war, wuchs Edward Cameron nun als »Alfred Bielek« auf. Al reifte mit seiner eigenen, neuen Identität und Erziehung heran und wurde Elektroingenieur.

Es war wieder einer jener atemberaubenden Fälle der Synchronizität, der dazu führte, dass der Elektroingenieur Al Bielek am Montauk-Projekt mitarbeitete. Wie schon früher angeführt, begann Al sich aber an seine ursprüngliche Identität als Edward Cameron zu erinnern, nachdem er den Spielfilm »Das Philadelphia-Experiment« zum ersten Mal gesehen hatte.

Die Geschichte von Alexander »Duncan« Cameron, Jr., den ich ab jetzt nur noch »Duncan Cameron« nennen werde, ist nicht minder spektakulär als die seines Halbbruders.

Nachdem die Generatoren auf der Eldridge zerstört waren, sprang Duncan sofort wieder über Bord und landete abermals 1983 in Montauk. Diese Entscheidung stellte sich für ihn allerdings als schwerwiegender Fehler heraus. Die Zeitreferenzen seines Körpers lösten sich komplett auf und er verlor dadurch seine Verbindung zur Zeitlinie. Dieser Vorfall hatte zur Folge, dass sich der Alterungsprozess seines Körpers sehr stark beschleunigte. Er alterte in jeder Stunde um etwa ein Jahr und drohte schon nach kürzester Zeit an Altersschwäche zu sterben. Die

Dieses Bild zeigt Alexander Duncan Cameron Jun., geboren am 29. Juni 1951. (Foto: „Rückkehr nach Montauk")

Wissenschaftler in Montauk mussten seinen Tod aber unbedingt verhindern, denn aufgrund der »Exkursionen« in Raum und Zeit, auf die man ihn und seinen Halbbruder geschickt hatte, hätte sein Ableben bizarre Zeitparadoxien hervorrufen können. Er war sehr komplex mit dem gesamten Gebiet der Zeit verbunden und auch deshalb von unschätzbarem Wert für das gesamte Projekt. Es blieb den Wissenschaftlern auf Montauk nur noch eine Möglichkeit, die auf den ersten Blick als Ding der Unmöglichkeit erscheinen mag. Man versuchte nun, das Wichtigste, nämlich das sogenannte »elektromagnetische Identitätsmuster« – auch »energetisches Wesen« oder kurz »Seele« genannt – zu erhalten. Wie man das bewerkstelligte, ist bis heute ein Rätsel geblieben. Aber es gelang. Die Forscher mussten Duncans Seele allerdings wieder in einen möglichst geeigneten, neuen Körper transferieren. Dabei wandte man sich an einen der loyalsten Agenten, der je zur Verfügung stand: Alexander Duncan Cameron, Sr., den Vater von Duncan und Edward.

Alexander Duncan Cameron, Sr., der Vater von Duncan und Edward als junger Marineangehöriger. (Foto: Al Bielek)

Mit Hilfe der Montauk-Zeitreisetechniken ging man ins Jahr 1947 und nahm Kontakt mit Duncans Vater auf. Man erklärte ihm die entstandene Situation und schlug vor, er solle noch einen Sohn zeugen. Er erklärte sich bereit und setzte sogar nochmals zwei Kinder in die Welt. Zuerst eine Tochter und dann einen Sohn, dem er auch wieder den Namen »Alexander Duncan Cameron, Jr.« gab. Um die Seele des ersten Duncan, Jr. in den Körper des jetzt 1951 geborenen zweiten Duncan zu »installieren«, war es notwendig, ins Jahr 1963 (genau zum 12. August 1963) zu gehen. Der Grund hierfür ist wieder die Abhängigkeit vom zwanzigjährigen Biorhythmus der Erde. Der seitdem bekannte Duncan Cameron Jr. hat keine Erinnerungen an die Zeit vor 1963. Die Seele, die von 1951 bis 1963 mit diesem Körper verbunden war, wurde gewaltsam hinausgedrängt. Duncan wurde ab sofort genau beobachtet und geschützt. Auch ihm ebnete man einen Weg, der ihn zu einem wichtigen Teil des Montauk-Projekts werden ließ: Aufgrund seiner Medialität wurde er die Hauptversuchsperson für den Montauk-Chair!

Im Jahr 1992 erschien zuerst in den USA und dann auch 1994 in Deutschland das Buch »Das Montauk-Projekt – Experimente mit der Zeit«. Dabei erhielt der eigentliche Informant Preston B. Nichols nun Unterstützung von dem Schriftsteller Peter Moon, der sich schon lange für dieses Projekt interessierte. Wir haben Preston Nichols bereits als denjenigen Mann kennengelernt, der auf einem Foto aus dem Jahr 1890 zusammen mit Aleister Crowley und den Wilson-Brüdern zu sehen war.

Preston erzählt in dem Buch die Geschichte der Projekte Phoenix und Phoenix II, sowie seine eigene Beteiligung als einer der Projektleiter. Auch er wurde nach dem Ende des Projekts gehirngewaschen und erinnerte sich dann erst später langsam wieder daran. Als er entdeckte, welch hohe Position er beim Montauk-Projekt eingenommen hatte, war er regelrecht schockiert. Preston konnte viele Informationen über die Geschehnisse während des Projekts einbringen, wie ich sie im nächsten Kapitel noch ausführlich behandeln werde. Außerdem ist er in der Lage, die gesamte Technik des

Preston B. Nichols. Preston war von vielen Montauk-Mitarbeitern erkannt worden, bevor er das Projekt selbst untersuchte und die Geschichte veröffentlichte. (Foto: „Rückkehr nach Montauk")

Montauk-Projekts – wie zum Beispiel die Funktion der Delta-T-Antenne – genau zu erklären.

Preston Nichols wurde nach Veröffentlichung des Buches von NSA-Agenten mit der Waffe bedroht. Man hielt ihm vor, dass er sterben würde, falls er Vorträge über seine Erlebnisse hielte. Als sehr bedeutsam erachte ich folgende Aussagen von Preston Nichols im Buch »Das Montauk-Projekt«: »Ich habe dieses Buch geschrieben, um Ihnen zu vermitteln, dass bereits mit der Zeit manipuliert worden ist. Dabei wurden einzelne Menschen ausgebeutet, und vielen wurde unbeschreibliches Leid zugefügt. Das Montauk-Projekt könnte mit Leichtigkeit als das Werk der dunklen Mächte bezeichnet werden.« und »...UFO-Forschern stehen eine ganze Reihe an außerirdischen Über- und Eingriffen zur Verfügung, die als eine mögliche Übernahme unseres Planeten oder sogar des ganzen Sonnensystems interpretiert werden könnten...«

Zusammen mit Duncan Cameron und Al Bielek ist Preston Nichols die wichtigste Quelle bezüglich der Vorgänge während des Montauk-Projekts. Es gibt allerdings noch zwei weitere Personen, die ihre Verwicklung in das „Philadelphia-Experiment" und das „Montauk-Projekt" offenbart haben.

Stewart Swerdlow
(Foto: Armin Risi)

Im Jahr 1998 trat mit Stewart Swerdlow ein weiterer Zeuge mit einem eigenen Buch an die Öffentlichkeit.

Das Buch mit dem Titel »Montauk – The Alien Connection« ist leider bis heute nicht auf Deutsch erschienen. Swerdlow spielte bereits im zweiten Buch zum Thema »Rückkehr nach Montauk« unter dem Pseudonym »Stan Campbell« eine wichtige Rolle. In »Montauk – The Alien Connection« beschreibt Swerdlow dann schließlich seine un-

glaubliche Lebensgeschichte. Er behauptet – und dies ist eine sehr wichtige Information – als deutscher Offizier mit dem Namen »Johannes von Gruber« 1943 ebenfalls an Bord der Eldridge gewesen zu sein. Während des Philadelphia-Experiments sei er als Beobachter in amerikanischer Uniform an Bord des Schiffes gewesen. Als sich das unberechenbare Experiment als tödliches Manöver zu entpuppen begann und das Schiff in den Hyperraum teleportiert wurde, sprang Johannes von Gruber von Bord des Schiffes ins Ungewisse und landete ebenfalls im Jahr 1983 in Montauk. Natürlich stellt sich hier die Frage, warum ein deutscher Offizier mitten im Krieg in amerikanischer Uniform an einem solch brisanten US-Experiment beteiligt war. Ich werde diese Frage später wieder aufgreifen.
Aufgrund von Manipulationen, ähnlich der Vorgehensweise bei Duncan Cameron, bewirkte man, dass Johannes von Gruber letztlich im Jahr 1956 als Sohn von Eleanor Swerdlow zur Welt kam. So wurde er Teil einer namhaften Familie und genetischen Linie. Sein Großonkel war Yakov Sverdlov, einer der Motoren hinter der bolschewistischen Revolution in Rußland und erster Präsident der Sowjetunion. In Yekaterinburg war es Sverdlov gewesen, der die Hinrichtung des Zaren befahl. Die Stadt Yekaterinburg wurde dann zu seinen Ehren in »Sverdlovsk« umbenannt. Die jüdische Sverdlov-Familie verzweigte sich später auch nach Amerika, um hier unter dem leicht amerikanisierten Namen Swerdlow aufzutreten. In den Staaten wurde dann auch Stewart geboren. Johannes von Gruber schickte man – ebenso wie die beiden Cameron-Brüder - in Montauk auf viele Exkursionen durch Raum und Zeit, bis er dann 1956 als Stewart Swerdlow geboren werden »durfte«.

Nicht nur in den USA sind Leute wie Swerdlow zu finden, nein, auch in Deutschland gibt es einen Mann, der nach eigenen Angaben sowohl am Philadelphia-Experiment als auch am Montauk-Projekt beteiligt war. Da er in unserem Land unter seinem Pseudonym »Jan van Helsing« sehr bekannt wurde, werde ich diesen Namen auch hier benutzen, obwohl sein richtiger Name kein Geheimnis mehr ist. Jan, den ich persönlich kenne und zu dem ich ein sehr freundschaftliches Verhältnis habe, ist Autor von bisher elf Büchern. Doch ausschlaggebend für seinen Bekanntheitsgrad waren seine beiden ersten Veröffentlichungen. Die Titel »Geheimgesellschaften und ihre Macht im 20. Jahrhundert« und »Geheimgesellschaften 2 – Interview mit Jan van Helsing« sind heute, über zwanzig Jahre nach ihrem Erscheinen, gesuchte Raritäten. Der Grund: Nachdem sich der erste Band fast ohne Werbung über 100.000 mal verkaufte und für den zweiten Band bereits 30.000 Vorbestellungen vorlagen, wurden beide Bücher nach Anzeige durch eine kleine Gruppierung vom Staatsschutz beschlagnahmt. Der Autor erhielt einen Strafbefehl, einen Haftbefehl, und sogar die Steuerfahndung war plötzlich da. Ergebnis: Null. Jan wurde als »Nazi« verleumdet und von Geheimdiensten beschattet. Dies alles zeigt schon auf, wie brisant die in den Büchern angesprochenen Themen sind. Übrigens kann ich aus persönlicher Erfahrung mit Jan bestätigen, dass er weder »rechts« noch »links« ist. Zitat: »Es gibt für mich kein Rechts oder Links, es gibt nur eine Entscheidungsmöglichkeit – entweder ist etwas wahr oder es ist nicht wahr«. Sogar das Fernsehen begann damit, einen einzigen Satz aus seinem ersten Buch aus dem Zusammenhang zu reissen, um ihn als jemanden darzustellen, der er eben nicht ist. In diesen Büchern geht es letztendlich um »Vergebung«, »Nächstenliebe« und die sogenannten »kosmischen Gesetze«. Diese Bücher werden Ihnen, lieber Leser, vorenthalten. Bis heute können die Bücher in Deutschland nicht gekauft werden. In jenen Büchern geht Jan auch auf seine Verbindung zum „Montauk-Projekt" ein.

Jan berichtet im zweiten Buch, wie er zum ersten Mal mit Philadelphia und Montauk in Kontakt kam. Er machte 1991 Urlaub auf Hawaii, als er zufällig die beiden Autoren William »Bill« Cooper und Brad Steiger traf. Sie luden ihn auf ihre Yacht ein, um eine Sonnenfinsternis um fünf Uhr morgens zu beobachten. Coopers Sekretärin wurde schließlich Jans Freundin und sie lud ihn nachfolgend zu einer UFO-Konferenz nach Arizona ein. Als er im Oktober 1991 auf dieser Konferenz in Phoenix war, begegnete er dort Al Bielek (dem früheren Edward Cameron). Jan saß im Publikum, als Al Bielek hereinspazierte und begann, seine Geschichte zu erzählen. Als Al in den Saal kam, hatte Jan schon das seltsame Gefühl, diesen Mann sehr gut zu kennen. Aber er beruhigte sich erst einmal, indem er sich einredete, dass Al eine gewisse Ähnlichkeit mit Jans Großvater habe. Als aber Al Bielek mit seinem Vortrag begann und erzählte wie man ihn in der Zeit »versetzt« und hirngewaschen hatte, wurde Jan immer unruhiger. Er wurde geradezu immer kleiner in seinem Sitz, da ihm die Geschichte verdammt bekannt vorkam. Jan geriet in einen Zustand, in dem er bereits regelrecht wusste, was Al als nächstes sagen würde. Das alles wurde so übermächtig, dass Jan irgendwann die Tränen herunterliefen, weil ihm diese Geschichte so unheimlich vertraut war. Zwischenzeitlich »sah« er sogar Bilder von Al als jungem Mann in Uniform und Bilder vom Hafengelände, er sah Schiffe und Personen darauf herumlaufen. Jan war bestürzt und fragte sich, was hier eigentlich vor sich ging. Er fand keinen anderen Ausweg, als nach draußen in die Hotellobby zu gehen und sich ein Bier zu bestellen, obwohl er schon jahrelang keinen Alkohol mehr getrunken hatte. Er setzte sich an einen von etwa dreissig Tischen, insgesamt saßen nur drei weitere Personen in dem großen Raum. Nach etwa zwei Minuten kam Al Bielek aus dem Saal, holte sich ebenfalls ein Bier und nahm – welch seltsamer Zufall – genau vor Jan Platz. Da saßen die beiden nun und guckten sich gegenseitig an. Sie wechselten ein paar belanglose Worte wie »interessante Geschichte« und ähnliche Phrasen, als plötzlich eine Art Stimme in Jans Kopf zu sprechen begann. Jans eigene Worte zu dieser befremdlichen Situation: »Es war ganz komisch, ich begann zu reden, obwohl ich gar nicht reden wollte und hörte mir selber zu, wie ich Dinge erzählte, von denen ich gar nicht wusste, dass ich sie wusste. Und Al saß mir mit großen Augen gegenüber und bekam den Mund nicht mehr zu«. In Bezug auf Al sagte die Stimme folgendes: »Der Grund, weshalb du noch am Leben bist, ist der, dass dir etwas geschehen ist und Duncan dies der Regierung nicht erzählt hat«. Jan sprach die Worte laut zu Al, der ihn anschaute und sagte, dass dies wahr sei. Dann begann eine zweite Stimme in Jans Kopf zu sprechen: »Die Geschichte stimmt nicht. Du musst woanders hinreisen. Die Regierung weiß es nicht, und sie wollen wissen,

was in dieser anderen Zeit geschah, und dies ist der Grund, weshalb du noch am Leben bist«. Als Jan diese Worte für Al wiederholte, erhielt er dessen volle Aufmerksamkeit. Al wollte wissen, ob Jan paranormal begabt sei. Die beiden wurden Freunde und trafen sich bald darauf in Als Haus. Als sie ihre Diskussion fortführten, begann Jan sämtliche Begleitumstände und die Synchronizität wiederzugeben, die ihn in diese Situation gebracht hatte. Jan erzählte nun aus seinem Leben und fragte dann Al direkt, warum er gerade dort saß und ihm diese Geschichte erzählte. Al schaute ihn nur einmal an und sagte: »Gott, noch einer!«
Al bezog sich auf die Tatsache, dass Jan eine andere Aura hat. Diese wurde von vielen Personen, welche in der Lage sind, eine Aura zu lesen, als eine dreifache Aura beschrieben. Auch Stewart Swerdlow besitzt übrigens eine solche. Auraleser deuten das auch als Zeichen, dass die betreffenden Personen einmal mit »Zeitreisen« zu tun hatten.
Jan, Al Bielek, Duncan Cameron und Peter Moon (der Co-Autor der Montauk-Bücher) wurden sehr gute Freunde, und Jan war es auch gewesen, der das Buch »Das Montauk-Projekt« nach Deutschland brachte.

Nachdem wir jetzt einige am Montauk-Projekt beteiligte Personen und ihre Hintergründe näher kennengelernt haben, stellt sich natürlich und unweigerlich die Frage: »Was geschah in Montauk wirklich?«

8. Was geschah in Montauk?

»Der Wahn ist kurz, die Reu ist lang.«
(Buch der Zeit von Arno Holz)

Als man mit Hilfe der Delta-T-Antenne, dem Verstärker und der medialen Person im Montauk-Chair die ersten Zeittunnel manifestierte, wollte man es noch nicht wagen, Personen hindurchzuschicken. Man begann zuerst, durch das Zeittor Filmaufnahmen zu machen. Die Versuchsperson im Stuhl führte mit Hilfe ihrer Gedanken das Tor in die gewünschte Zeit, zum Beispiel ins Alte Rom während der Herrschaft des Julius Cäsar. Man konnte das Tor, bildlich gesprochen, wie ein »fliegendes Auge« dorthin bewegen, wo man es haben wollte und so alle möglichen Details auf Film bannen. Nachdem ein paar technische Verfeinerungen realisiert worden waren, begannen die ersten Tests, um Menschen durch den Zeittunnel zu schicken. Mit Hilfe der technischen Raffinessen gelang es, den Tunnel in einen festen, stabilen Zustand zu versetzen, damit Menschen gefahrlos hindurchgehen konnten. Wobei allerdings relativ schnell festgestellt wurde, dass das Hauptproblem nicht der Tunnel selbst, sondern die Rückkehr in unsere Zeit war. Unzählige Tests folgten, die wiederum unzählige Opfer forderten – einer der dunkelsten Aspekte des Montauk-Projekts: Tausende von Menschenopfern. Nach den Aussagen von Al Bielek und Duncan Cameron wurden rund zehntausend Versuchspersonen in der Zeit verschickt, von denen nicht einmal hundert wieder zurückkamen. Diesen Umstand muss man sich einmal wirklich vorzustellen versuchen. Schlichtweg Wahnsinn der Wissenschaft!
Die ersten Probanden waren Obdachlose und anderes »Menschenmaterial«, Personen also, von denen man annehmen konnte, dass niemand sie jemals vermissen würde. Später wurden vor allem Kinder, die man gewissermaßen von der Straße weg entführen ließ, zu den Versuchen herangezogen. Interessant ist die Tatsache, dass in den USA jedes Jahr Hunderte von Kindern verschwanden, von denen bis heute noch jede Spur fehlt.

Schon bald suchte man für das Montauk-Projekt speziell blonde und blauäugige Jungen, die zwischen zehn und sechzehn Jahre alt waren. Eine sehr traurige Facette, die auf die Montauk-Nazi-Verbindung zurückgeht, auf die ich später noch gesondert eingehen möchte. Als man soweit war, den »Zeitreisenden« eine relativ sichere Rückkehr zu ermöglichen, schickte man regelrechte Elite-Einheiten und ausgesuchte Personen – wie zum Beispiel auch die beiden Cameron-Brüder – zu den verschiedensten Zielen in Raum und Zeit.

Die Beteiligten am Montauk-Projekt gaben eine sehr genaue Beschreibung des Zeittunnels ab. Nach ihren Angaben war es wie das Hineinschauen in einen besonderen, spiralförmigen Tunnel, der von oben bis unten auf seiner gesamten Länge erleuchtet war. Wenn man in das Ding hineinlief, wurde man plötzlich hinab gezogen. Der Beteiligte konnte nicht durch den Tunnel hinunter »gehen«, sondern wurde mehr oder weniger durch ihn hindurch vorwärts getrieben. Für das Versuchsopfer ein unkontrollierter Sturz ins Bodenlose. Die Wände des Tunnels waren solide, aber gefaltet. Er war nicht gerade, sondern hatte in etwa die Gestalt eines Korkenziehers. Es war möglich, Gegenstände in beiden Richtungen durch den Tunnel zu transportieren. Außerdem war das Zeittor so groß, dass sogar Lastwagen hindurch fahren konnten. Eine der Versuchspersonen erklärte sogar, dass es einen Punkt ungefähr zwei Drittel des Weges hinunter in den Tunnel gab, an dem die Person, die den Zeittunnel hinunterging, einen großen Knall wahrnahm, ein »Bumm«-Geräusch. Das Bewusstsein der Person verließ den Körper kurzfristig. Am anderen Ende des Tunnels wurde der Reisende dann quasi wieder »hinausgewirbelt« und befand sich üblicherweise an einem anderen, ausgewählten Ort in Zeit und Raum. Am Ziel angekommen, musste der so geschaffene »Chrononaut« (= Zeitreisender) entweder jemanden treffen oder irgend etwas erledigen, bis seine Mission erfüllt war. Wenn alles nach Plan lief, dann öffnete sich der Tunnel zur Rückkehr wieder, und die Versuchsperson konnte dahin zurückkehren, von wo aus sie gestartet war.

Jeder Zeitreise-Kandidat wurde aber zuerst ins Jahr 6037 geschickt. Zielort war für alle eine alte Ruinenstadt. Dort schien alles »unfassbar« – etwa wie

in einem Traum oder einem Computerspiel, einer virtuellen Realität eben. In dieser Ruinenstadt gab es keinerlei Lebenszeichen, allerdings stand dort auf einem großen Platz, mitten in der Stadt, ein goldenes Pferd auf einem Podest. Auf diesem Podest waren verschiedene Schriftzeichen erkennbar und die Versuchspersonen wurden eben in diese Stadt geschickt, um zu versuchen, diese Schriftzeichen zu lesen. Außerdem sollten sie mitteilen, ob sie noch irgend jemand anderen in der Stadt gesehen hätten. Bis heute ist nicht klar, welche Absicht die Wissenschaftler des Montauk-Projekts mit diesem Experiment verfolgten. Möglicherweise wollten sie testen, ob ihnen der neue Proband auch die Wahrheit erzählte, was für die Auswertung späterer Missionen sehr wichtig war.
Interessant ist auch die Feststellung, dass man bei Reisen in die Zukunft nur bis zum 12. August 2013 ein vernünftiges Ergebnis erhielt. Ab dort gab es eine Art »Wand«, durch welche die Zeitreisenden nichts mehr wirklich wahrnehmen konnten. Es war wie gesagt eine »traumartige« Realität, und niemand konnte eine greifbare Zukunft nach dem 12. August 2013 erfassen.

Zeitreisen wurden nach kurzer Zeit für die Montauk-Leute fast schon zur Routine, und die Wissenschaftler begannen damit, ein sehr gefährliches Spiel zu spielen. Man führte bewusst Manipulationen in der Vergangenheit durch, um zu sehen, welche Auswirkungen dies auf die Gegenwart hat. Dabei schreckte man vor nichts zurück. Menschen wurden in der Vergangenheit getötet oder entführt, Technologie aus der Gegenwart in die Vergangenheit gebracht und dort Firmen gegründet, die mit der Produktion zukünftiger Technologien beauftragt waren. Es gab einige massive Eingriffe mit dem Ziel, die Geschichtsschreibung der letzten fünf Jahrtausende abzuändern. Stewart Swerdlow, den wir schon als einen der Mitwirkenden des „Montauk-Projekts" kennengelernt haben, war Hauptakteur in einer der traumatischsten, aber auch hinterhältigsten Mission des gesamten Projekts. Er wurde in die Zeit von Christus zurückversetzt. So weit er sich erinnern kann, war es sein Auftrag, Jesus aufzufinden und dann zwei ganz bestimmte Dinge zu tun. Er sollte Jesus eine Blutprobe entnehmen und ihn dann töten. Nach kurzer Zeit fand der Zeitreisende Jesus tatsächlich, der ihn auf sehr überraschende Art und Weise begrüßte. Jesus sagte nämlich, er wisse, warum Swerdlow hier sei und bot sich sogar freiwillig an, ihm eine Blutprobe zu geben. Allerdings erklärte Christus dem Zeitreisenden auch, dass er zum Sterben noch nicht bereit sei und es dem Besucher aus der Zukunft auch nicht gelingen werde, ihn zu töten.

Swerdlow führte seine Befehle von Montauk aus. Er berichtete, dass er ein ganzes Revolvermagazin auf Jesus leer geschossen habe, ohne irgend eine Wirkung zu erzielen. Die Kugeln prallten an Jesus förmlich ab. Interessanterweise hatte der ganze Ausflug in die Ära von Jesus Christus in Montauk-Zeit gemessen etwa zehn Stunden gedauert. Dem Probanden, Stewart Swerdlow, schien es aber, als sei er zwei Monate dort gewesen.

Weitere Haupt-Zeitziele – wenn man sie so nennen möchte – waren neben der Ära um Christi Geburt auch noch das Alte Ägypten um ca. 3000 v. Chr. sowie der Erste und Zweite Weltkrieg. Diesbezüglich vermerkt Preston Nichols in dem Buch »Das Montauk-Projekt« folgendes: »Ich war nicht persönlich dabei, weiß jedoch, dass sie eine ganze Menge mit den beiden Weltkriegen herumprobiert haben. Diese geschichtlichen Ereignisse wurden gefilmt und fotografiert. Sie wussten genau was sie taten«.

Das Team der Montauk-Wissenschaftler setzte die Forschungen in Raum und Zeit weiter fort. Auf »Befehl von oben« verließ man aber Ende 1981 die Erde als Forschungsplattform und wandte sich dem Mars zu. Man versuchte mit Hilfe der Montauk-Technik in den unterirdischen Teil der großen Pyramide auf dem Mars zu kommen. Diese Pyramide übrigens ist nicht vierseitig, sondern besitzt fünf gleiche Seiten, die als Grundfläche demnach ein Pentagon bilden. Möglicherweise werden Sie sich jetzt fragen, worüber ich eigentlich schreibe. Pyramiden auf dem Mars? Ja, Pyramiden auf dem Mars. Hierzu ein paar grundlegende Informationen: Im Jahre 1976 flog die US-Weltraumsonde »Viking I« zum Mars, um ihn unter anderem genau zu kartographieren. Auf den Fotos, wie sie die Sonde zur Erde übermittelte, entdeckten NASA-Mitarbeiter erstaunliche Dinge. Über der nördlichen Hemisphäre unseres roten Nachbarplaneten fotografierte das Raumschiff ein mehr als zwei Kilometer langes menschliches Gesicht, das direkt nach oben in den Himmel starrt. Auf der betreffenden Fotoserie entdeckte man in der gleichen Region, die unter dem Namen »Cydonia« bekannt ist, auch Ruinen einer großen Pyramidenstadt, außerdem einzelne weitere Pyramiden in der unmittelbaren Umgebung sowie die bereits erwähnte, riesige fünfseitige Pyramide.

Da die »geheime Regierung«, die auch mit dem Montauk-Projekt verknüpft war, schon seit Anfang der sechziger Jahre verdeckte Weltraummissionen zu unserem Nachbarplaneten unternehmen ließ, begann man die Möglichkeiten der Montauk-Technologie auch in bezug auf den Mars zu nutzen. Der Vollständigkeit halber dürfte es hierbei wichtig sein zu erwähnen, dass die Autoren Leslie Watkins und David Ambrose in ihrem Buch »Alternative 3« eine unfassbare Operation der »geheimen Regierung« enttarnen, bei der das offizielle amerikanische Raumfahrtprogramm nur als Ablenkung für die Massen benutzt wird. In Wirklichkeit nämlich wurden bereits mit Hilfe geheimer, neuer Antriebstechnologien – Carl Allen lässt grüßen – bemannte Missionen zum Mars durchgeführt. Dies führte in der Folge dazu, dass bereits seit einiger Zeit eine geheime menschliche Kolonie auf dem Mars angesiedelt ist. Das Buch »Alternative 3« stützte sich auf die Fernsehsendung mit dem gleichlautendem Titel der englischen Wissenschaftsserie »Science Report« aus dem Jahr 1977. In dieser Sendung, die nur ein einziges Mal ausgestrahlt wurde, konnte man unter anderem einen Filmausschnitt von der angeblich ersten bemannten Marslandung vom 22. Mai 1962 (!) sehen.

Die leitenden Wissenschaftler in Montauk wurden davon in Kenntnis gesetzt, dass es tatsächlich eine geheime Kolonie auf dem Mars gab. Man wusste, dass die Pyramiden in der Cydonia-Region die Hüter eines wichtigen »Schlüssels« sind, nur gab man ihnen zu Beginn keine Informationen darüber, mit welcher Art von Schlüssel sie es zu tun haben. Sie wussten lediglich, dass es eine sehr alte Technologie sein musste. Wegen der massiven Bauweise der Marspyramiden war es den Menschen der geheimen Marskolonie nicht möglich, in deren Inneres einzudringen, um in die unter den Pyramiden liegenden Räume zu gelangen. Im Laufe der Experimente stellte sich später sogar heraus, dass die große Pyramide auf dem Mars besser versiegelt worden war als die Cheopspyramide in Ägypten.

Nun war Montauk am Zuge. Man entschloss sich, den Raum-Zeit-Tunnel direkt unter die große Pyramide in das unterirdische System zu richten. Duncan Cameron und Al Bielek wurden in den Jahren 1982 und 1983 mit für das Team ausgewählt, das dann auf den Mars ging. Man fand heraus, dass die große Pyramide auf dem Mars als eine Art »Antenne« diente. Nach den Aussagen von Duncan fand das ins Pyramideninnere gereiste Team eine fortgeschrittene und funktionierende Technologie vor, die er selbst als »Sonnensystem–Verteidigungsanlage« bezeichnete. Und nun ein sehr wichtiger Umstand, den man eigentlich gar nicht stark genug hervorheben kann: Die Wissenschaftler des Montauk-Projekts hatten die Aufgabe, dafür zu sorgen, dass dieses Abwehrsystem ausgeschaltet wird. Es musste außer Betrieb gesetzt werden, bevor die Mächte im Hintergrund weitere Schritte unternehmen konnten. Man stoppte das System dann tatsächlich, und zwar rückwirkend auf das Jahr 1943. Preston Nichols brachte es auf den Punkt, indem er einmal sagte: »Das Verteidigungssystem auf dem Mars beschützte uns gut. Das erste, was ›sie‹ also taten, war, es auszuschalten, damit ›sie‹ reinkommen konnten«.
Die Zeitreisen wurden danach fortgesetzt, und bis zum 12. August 1983 führten die Experimentatoren noch unzählige Missionen durch.

Wie aber wurde dieses ultrageheime Projekt finanziert? Alleine die Gerätschaften und Entwicklungen auf Montauk-Point hätten Hunderte an Dollarmillionen verschlungen. Da das Projekt ja eine Initiative der »geheimen Regierung« unter Mithilfe des Militärs war, konnte man natürlich keine öffentlichen Gelder der US-Regierung in Anspruch nehmen. Einige der Beteiligten am Montauk-Projekt bestätigten Gerüchte über eine Finanzierung des gesamten Unternehmens mit Hilfe von ehemaligem Nazi-Gold. Dieses Gold soll nach Montauk gelangt sein, nachdem es 1944 bei Straßburg unter mysteriösen Umständen aus einem alliierten Truppenzug verschwunden war. Den Wert des Edelmetalls hatte man damals auf etwa zehn Milliarden Dollar geschätzt. Mit einem Schlag blieb nichts als Feuer: Denn jener Zug, der unter strengster Bewachung durch amerikanische Soldaten stand, wurde in einem Tunnel in die Luft gesprengt. Dabei verloren 51 Amerikaner ihr Leben. Als der zuständige amerikanische General George Patton versuchte, etwas über die Herkunft und den Verbleib des Goldes zu erfahren, wurde er auf allen Ebenen abgeblockt. Die »geheime Regierung« hatte gewissermaßen ihre Portokasse aufgefüllt!

Zur Frage, wie das Gold dann nach Montauk kam, gibt es viele Gerüchte. Die wohl immer noch stichhaltigste Aussage dazu könnte sein, dass die Thule-Gesellschaft, eine politische deutsche Geheimgesellschaft, den Transport inszeniert haben soll. Diese Thulegesellschaft war eine Splittergruppe des »Ordo Novi Templi« (Neutemplerorden) – der wiederum ein Ableger des »O.T.O.« (Ordo Templi Orientis) war. Hier schließlich begegnen wir wieder Aleister Crowley, dem Schwarzmagier, Okkultisten und Hintermann der Firma EMI-Thorn, die den Film »Das Philadelphia-Experiment« produzierte. Crowley zählte auch zu den führenden Mitgliedern des O.T.O.

Aleister Crowley war ein führendes Mitglied des O.T.O.

Die Geschehnisse auf Camp Hero wären allerdings nicht ausreichend umrissen, wenn man eine Begebenheit außer Acht ließe, die ihren Ursprung ebenfalls am 12. August 1943 beim

Philadelphia-Experiment hatte. Beginnend mit dem 6. August 1943 erschienen etwa sechs Tage lang UFOs über der Eldridge. Auch während des Experiments am 12. August waren diese UFOs anwesend. Es ist bis heute nicht klar, wie dies geschehen konnte, doch eines jener unidentifizierten Flugobjekte wurde zusammen mit dem Kriegsschiff in den Hyperraum gezogen und tauchte am 12. August 1983 in einem unterirdischen Bereich von Montauk Point wieder auf. Ähnliches war ja auch jenen Matrosen wiederfahren, die während des Philadelphia-Experiments über Bord sprangen.
Die UFOs über der Eldridge schienen weder freundliche noch feindliche Absichten zu haben. So drängt sich eher der Eindruck auf, dass sie Beobachter des Geschehens waren. Die Mannschaft des Montauk-Projekts ihrerseits bildete ein Team, das sich um das im Untergrund havarierte Raumschiff kümmerte. Dabei handelte es sich um eine goldfarbene Untertasse mit einem Durchmesser von achtzehn Metern. An Bord: sieben Besatzungsmitglieder, von denen vier jegliche Kommunikation mit den Menschen verweigerten. Immerhin drei der Besatzungsmitglieder ließen sich aber auf Unterredungen mit den Montauk-Leuten ein, so dass eine Analyse der nichtirdischen Sprache möglich war. Auf diesem Wege erhielten Forscher auch Einblick in die Bordhandbücher und Informationen zur Instandhaltung des Schiffes. Die Besatzungsmitglieder des UFOs waren ungefähr 1,95 Meter groß und menschenähnlich, sie besaßen eine dunkle, lederartige Haut und keine Haare. Man zerlegte das Raumschiff und entfernte seine Antriebssysteme sowie einen sehr großen Kristall. Eines der vier Besatzungsmitglieder, die nicht mit den Montauk-Leuten sprachen, war offensichtlich der Kapitän des Schiffes. Nach nur kurzer Zeit tötete er kurzerhand die drei »Verräter«, die zu dem fatalen Kontakt bereit gewesen waren. Was dann mit dem Schiff und der Besatzung geschah, ist bis heute unbekannt.

Bereits an dieser Stelle aber möchte ich ein paar Informationen zum Montauk-Projekt Revue passieren lassen, um ein gewisses Verständnis für den Grund all dieser Aktionen aufkeimen zu lassen.

Ich halte also zusammenfassend fest, dass das Montauk-Projekt von ehemals deutschen Wissenschaftlern geleitet und mit verschwundenem Nazi-Gold finanziert wurde. Die Hauptbeteiligten der Versuche waren Söhne eines Marinegeheimdienst-Mitarbeiters, der dafür verantwortlich war, dass viele hochrangige Wissenschaftler von Deutschland in die USA wechselten. An Bord der U.S.S. Eldridge befand sich mitten im Zweiten Weltkrieg ein deutscher Offizier in amerikanischer Uniform namens Johannes von Gruber. Die Hauptaufgabe des Montauk-Projekts war zum einen, bestimmte Veränderungen in unserer Vergangenheit herbeizuführen und zum anderen, eine Sonnensystem-Verteidigungsanlage auf dem Mars für den Zeitraum von 12. August 1943 bis 12. August 1983 auszuschalten. Nun, fällt Ihnen bei alledem schon eine Kleinigkeit auf? Wenn nicht, wird es sicherlich nicht mehr lange dauern. Das Montauk-Projekt muss allerdings auch aus einer anderen Perspektive noch ein wenig beleuchtet werden, um letztendlich die Gesamtzusammenhänge wirklich verstehen zu können. Dazu ist es aber notwendig, dass wir uns vorsichtig einem weiteren, wenn auch im eigentlichen Wortsinne „okkulten“, nämlich „verborgenen“ Aspekt des gesamten Projekts nähern...

9. Montauk und die okkulte Verbindung

»Unsichtbar wird der Wahnsinn,
wenn er genügend große Ausmaße angenommen hat.«
(Bertolt Brecht)

Um die okkulten Vorgänge rund um die Projekte von Philadelphia und Montauk zumindest im Groben zu durchschauen, ist es unabdingbar, sich zu allererst mit einem Mann zu beschäftigen, der uns in diesem Buch bereits wiederholt begegnet ist: Aleister Crowley.

Aleister Crowley wurde am 12. Oktober 1875 in Leamington bei Stratford on Avon in England geboren. Interessanterweise kam er nicht als »Aleister« auf die Welt, sondern als »Edward Alexander«. Diesen Namen trug er auch offiziell, bis er fast zwanzig Jahre alt war. Crowley wurde als Sohn reicher Eltern geboren und erhielt eine zu strenge »christliche« Erziehung, was wohl den Ausschlag dafür gab, dass er alles »Antichristliche« als gut zu betrachten begann. Schon als Kind hatte er eine außergewöhnliche Genialität entwickelt. Der Überlieferung nach erlernte der junge Crowley das Schachspiel, indem er bei einer einzigen Partie zuschaute und von da an nahezu unbesiegbar war. Sein Vater starb bereits, als der hochbegabte Junge zwölf Jahre alt war. Nach etlichen sexuellen Eskapaden und dem Hinauswurf aus der frommen Privatschule ließ ihm seine

Geheimgesellschaften waren sein Zuhause: Aleister Crowley.

Mutter mehr oder minder resignierend freien Lauf. Allerdings sorgten sie und sein Onkel noch für ihn, bis er dann als Zwanzigjähriger ein Studium der Geisteswissenschaften in Cambridge antrat. Wie ich schon in einem früheren Kapitel ausführte, war Aleister Crowley bereits im Alter von fünfzehn Jahren auch gut mit den beiden »Wilson-Brüdern« von Thorn-Industries bekannt. Während seines Studiums erbte Crowley ein Vermögen und schoss daraufhin das letzte Jahr seiner Ausbildung einfach in den Wind. Von da an folgte er enthusiastisch den Pfaden des Okkulten und bewegte sich in vielen unterschiedlichen Geheimbünden. In einigen dieser Geheimgesellschaften stieg er später zu den höchsten Führungspositionen auf. Zu diesen Gesellschaften zählten die Freimaurer, Rosenkreuzer, der Orden des Silbernen Sterns (Argentum Astrum) und der schon angesprochene »Ordo Templi Orientis« (O.T.O.), der – wie wir schon gesehen haben - enge Kontakte zu den führenden deutschen Geheimgesellschaften besaß.
Der O.T.O. war mit Sicherheit der wichtigste und bedeutendste Geheimorden in Crowleys Leben.
Von einem Bergsteigerkollegen wurde er schließlich auch in den »Hermetic Order of the Golden Dawn« eingeführt, was übersetzt soviel bedeutet wie »Hermetischer Orden der Goldenen Dämmerung«. Dieser Orden wurde zwischen 1880 und 1890 gegründet, als sich viele Persönlichkeiten zusammenfanden, darunter einige der besten Köpfe Englands. Die Mitglieder des »Golden Dawn« stammten in erster Linie aus der Großloge der englischen Freimaurerei (Mutterloge) und der Rosenkreuzergesellschaft. Der »Golden Dawn« bildete sozusagen die Spitze der damaligen esoterischen Freimaurer in England und deren innersten und geheimsten Kreis.

Das Siegel des O.T.O.

Das wohl bekannteste Ereignis in Aleister Crowleys Leben fand 1904 in Ägypten statt. Crowley und seine Frau Rose hatten in der Königskammer der Cheopspyramide übernachtet. Kurz darauf fiel dann Rose in ihrer Kairoer Wohnung in einen tranceartigen Zustand und behauptete während diesem, Crowley habe den ägyptischen Gott »Horus« beleidigt. Dies war auch deswegen ungewöhnlich, da Crowleys Frau rein gar nichts von ägyptischer Mythologie verstand. Doch erzählte sie ihm sogar, wie er Horus anrufen könne, und führte ihn zum Boulak-Museum. Dort angekommen, zeigte ihm Rose eine Abbildung von Horus in einer Form, die als »Ra-Hoor-Khuit« bezeichnet wird. Die Museumsnummer dieses Ausstellungsstücks war die »666«. Crowley stand geradezu unter Schock. Denn natürlich kannte er die Bedeutung dieser Zahl, mit der ihn schon seine Mutter in Verbindung brachte, als er noch ein Kind war. Die Zahl »666« erlangte ihren hohen Bekanntheitsgrad durch einen Abschnitt in der »Johannes-Offenbarung«, oder auch »Apokalypse des Johannes« genannt. Sie findet sich also im Neuen Testament. In bezug auf künftige Ereignisse heißt es dort:

Die Kleinen und die Großen, die Reichen und die Armen, die Freien und die Sklaven, alle zwang es (das Tier), auf ihrer rechten Hand oder ihrer Stirn ein Kennzeichen anzubringen. Kaufen oder verkaufen konnte nur, wer das Kennzeichen trug: den Namen des Tieres oder die Zahl seines Namens. Hier braucht man Kenntnis. Wer Verstand hat, berechne den Zahlenwert des Tieres. Denn es ist die Zahl eines Menschennamens; seine Zahl ist »sechshundertsechsundsechzig«.
(Offb. 13,16 – 13,18)

Als Crowley in seiner Kindheit wieder einmal für einen Skandal in der Schule gesorgt und seine Mutter dies erfahren hatte, rief sie ihm außer sich vor Zorn zu: »Du bist eine Bestie. Ja. Du bist die Bestie der Offenbarung – 666!«
Nach der Erfahrung in Ägypten fand Crowley die Erleuchtung, zumindest befand er selbst sich in diesem Glauben. Seine »Experimente« und magi-

schen Rituale wurden immer seltsamer. Danach rutschte Aleister Crowley vollends ins »Schwarzmagische« ab. Sein Leben endete im Jahr 1947.
In bezug auf die verborgenen Verbindungen zum Philadelphia-Experiment, Montauk-Projekt und deren Vorbereitungen gibt es vor allem einen entscheidenden Punkt: Die Zusammenarbeit Crowleys mit zweien der einflussreichsten »magischen« Clans Schottlands. Zum einen sind dies die Wilsons und zum anderen die Camerons.

Apropos Magie. Nach der Definition der Tempelritter ist Magie nichts anderes als »Wirken durch Wollen«. Somit sind »Magier« Menschen, die mit Hilfe eines unglaublichen Willens in der Lage sind, Dinge durchzusetzen oder in Gang zu bringen.
Angeblich war der schottische Wilson-Clan eine Untergruppierung des Cameron-Clans. Die Verbindungen stehen jedenfalls bereits seit sehr langer Zeit. Es ist interessant, sich noch einmal anzusehen, inwieweit diese Clans mit dem Film »Das Philadelphia-Experiment« verbunden sind. Die beiden Brüder Marcus Wilson und Preston Wilson verkehrten Ende des letzten Jahrhunderts mit der Familie Crowley als Freunde und Geschäftspartner. Die beiden Familien waren gemeinsam an einer Firma beteiligt, die sich dann später, in den zwanziger Jahren, mit einigen anderen Unternehmen zusammenschloss. Dieser Zusammenschluss wurde später als EMI-Thorn bekannt, einer der größten Elektronikkonzerne Großbritanniens. EMI-Thorn leitete auch eine berühmte Unterhaltungssparte, die einen Musik- und Videoverlag mit einschloss. Wie schon früher erwähnt, wurden die Innenaufnahmen von »Das Philadelphia-Experiment« in denselben Filmstudios produziert wie der erste Film von »Krieg der Sterne« im Jahr 1976 und 1977. Im zweiten Buch zum Montauk-Projekt von Preston B. Nichols und Peter Moon, »Rückkehr nach Montauk«, findet sich ein kleiner Abschnitt in bezug auf einen Mann mit dem Namen »Mark Knight«. Aufgrund vielfältiger Informationen kommt Peter Moon dabei zu der Überzeugung, dass Mark Knight in Wirklichkeit niemand anderer ist als der US-Schauspieler Mark Hamill, der in der »Krieg der Sterne« – Trilogie eine Hauptrolle als »Luke

Skywalker« spielte. Interessant ist dabei auch die Behauptung von Mark Knight alias Mark Hamill, der eigentliche Produzent des Spielfilms »Das Philadelphia-Experiment« gewesen zu sein. Sein Name erscheint im Nachspann nicht, da er seine Identität geheimhalten wollte. Mark Knight sieht nicht nur genauso aus wie Mark Hamill, auch erinnert er sich daran, in Montauk gearbeitet zu haben, als das Projekt in vollem Gange war. Die Information, dass der Vater von Mark Hamill – ein gewisser James Hamill – ein pensionierter Agent des amerikanischen Marine-Geheimdienstes war, wird den aufmerksamen Leser dieses Buches wohl kaum mehr überraschen. Doch James Hamill war kein »No-Name« beim Marine-Geheimdienst. Er war einer der wichtigsten Personen bei der Durchführung des Projekts »Paperclip«, das zur Aufgabe hatte, wichtige Nazi-Wissenschaftler nach Ende des zweiten Weltkrieges in die USA zu holen – ohne viel Federlesens und unbequeme Fragen. Dabei eskortierte James Hamill sogar den berühmten Raketenwissenschaftler Wernher von Braun persönlich bis in die USA. Interessant ist auch, dass der Vater der beiden Cameron-Brüder, Alexander Duncan Cameron Sr., eine ähnliche Aufgabe beim Marinegeheimdienst hatte wie der Vater von Mark Hamill. Soviel zu den seltsamen Synchronizitäten bezüglich der Familie Hamill. Mark Hamill war später übrigens immer wieder in Fernsehserien zu sehen, bei denen es um Zeitreisen geht. Purer Zufall?

Beim Montauk-Projekt wurde es möglich, die Zeit mit Hilfe technischer Mittel und der Verstärkung menschlicher Gedanken zu krümmen und sogar Zeitreisen durchzuführen. Was wäre aber, wenn man ein solches Zeittor, ja vielleicht sogar ein Dimensionstor, ohne technische Mittel nur mit Hilfe des menschlichen Geistes, mit Gedankenkraft und festem Willen öffnen könnte? Wäre es möglich, mit Hilfe mehrerer »magischer« Personen und Lebensenergie – wir erinnern uns an Wilhelm Reich und sein Orgon – so etwas zu Wege zu bringen?

Nach den vorliegenden Informationen: Ja. Im Jahre 1946 wurde eines der bedeutendsten magischen Experimente des 20. Jahrhunderts durchgeführt. Der Name dieses Experimentes war »Babalon–Working« – »Babalon–Handlung«. An diesem magischen Experiment waren zwei Männer und eine Frau beteiligt, die für die Öffentlichkeit keine Unbekannten waren: Jack Parsons, L. Ron Hubbard und Marjorie Cameron (!). Werfen wir zumindest einmal einen kurzen Blick auf diese Personen.

Jack Parsons wurde einer der Begründer des berühmten »JPL«.

Jack Parsons wurde 1914 in Pasadena/Kalifornien geboren. Seine Familie war sehr wohlhabend und Jack wurde schon relativ früh mit dem Prädikat »hochintelligent« ausgezeichnet. Außerdem hatte er bereits als Jugendlicher unter Beweis gestellt, dass er über herausragende technologische Fähigkeiten verfügte. Später ging er in die Raketenforschung und war Mitbegründer der »Aerojet General Corporation«, die vor dem zweiten Weltkrieg schon viele Regierungsaufträge erhalten hatte. Aufgrund seiner Fähigkeiten wurde Parsons für den militärisch-industriellen Komplex der Vereinigten Staaten interessant, obwohl ihm schon zu jenem Zeitpunkt der seltsame Ruf vorauseilte, ein »Magier« zu sein. Er war ein äußerst begehrter Mann, und die Regierung hielt ihn unter strengster Überwachung. Jack Parsons wurde einer der Begründer des berühmten »JPL«, des »Jet Propulsion Laboratory« im kalifornischen Pasadena, USA. Hier liegt die Zentrale der unbemannten Nasa-Raumflüge. Schon von Beginn an gab es Gerüchte, die wahre Bedeutung hinter dem Kürzel »JPL« sei nichts anderes als »Jack Parsons Laboratory«. Ein befreundeter Naturwissenschaftler brachte Jack Parsons dann zum »Ordo Templi Orientis«, jener Orden, in dem Crowley eine Führungsrolle einnahm. Aufgrund seiner herausragenden Position bei der Raketenentwicklung wurde Parsons zum Zweck der Überwachung ein Offizier des Marine-Geheimdienstes mit dem Namen L. Ron Hubbard zugeteilt. Der wiederum behauptete, er sei eingesetzt wor-

L. Ron Hubbard entschleierte „Markab".

den, um die obskuren Angewohnheiten der dortigen Wissenschaftler, schwarze Magie zu betreiben, zu beenden.

Lafayette Ronald Hubbard kam am 13. März 1911 in Tilden, Nebraska zur Welt. Dabei gibt es einen interessanten Hintergrund, der auch hier eine nicht gerade unbedeutende Rolle spielt. Denn Ronalds Vater war von der Familie Hubbard adoptiert worden, doch in Wirklichkeit war er ein geborener »Wilson« – und zwar genau aus jenem Wilson-Clan, von dem bereits öfter die Rede war! Also ist auch Hubbard ein echter Wilson, was vielleicht mit ein Grund dafür war, dass er im weiteren Verlauf seines Lebens für die CIA und den Marinegeheimdienst arbeitete. Später wurde Hubbard vor allem durch seine sogenannten »Dianetik«-Techniken und der Gründung der Organisation »Scientology-Kirche« bekannt. Ich bin kein Freund dieser Organisation – wie ich im übrigen Organisationen aller Art meide – bekämpfe sie aber auch nicht. Allerdings machte Hubbard in seinen frühen Jahren eine aufsehenerregende Entdeckung, von der so gut wie niemand etwas weiß, die aber im letzten Teil des Buches noch eine wichtige Rolle spielen wird. Jan van Helsing hat diesen Punkt in seinem zweiten Buch »Geheimgesellschaften 2 – Interview mit Jan van Helsing« sehr ausführlich behandelt. (Also sollte auch das nun vor Ihnen liegende Buch irgendwann einmal beschlagnahmt werden, dann wissen Sie wenigstens, woran es lag.)

In seiner Zeit beim Marine-Geheimdienst arbeitete Hubbard beim Bewusstseinskontroll-Experiment »MK-Ultra« mit. Er bekam Einblick in die psychiatrischen Unterlagen des Marine-Personals und die Art der Experimente, wie sie mit den Versuchspersonen durchgeführt wurden. Aufgrund seiner Forschungen entwickelte Hubbard bei der Marine eine Technik, Menschen geistig in frühere Leben und damit in die Vergangenheit zurückzuführen. Dies war auch die Grundlage für seine späteren Dianetik-Techniken. Interessanterweise studierte Hubbard zu dieser Zeit gleichfalls die Literatur von Aleister Crowley.

L. Ron Hubbard begann mit Hilfe seiner Technik Hunderte von Versuchspersonen in ihre Vergangenheit zurückzuführen, und zwar nicht nur in deren letztes Leben, sondern viel weiter zurück. Die Ergebnisse waren nicht nur sensationell, sie waren auch zutiefst erschütternd. Alle Probanden erzählten zuguterletzt eine einzige übereinstimmende Geschichte. Und die hat es wahrlich in sich.

Die Informationen geben in etwa folgenden Sachverhalt wieder: Im Sternbild des Pegasus befindet sich ein Sonnensystem mit sieben bewohnten Planeten. Dieses Sonnensystem trägt den Namen »Markab« und wird von den sogenannten »Markabianern« bewohnt.

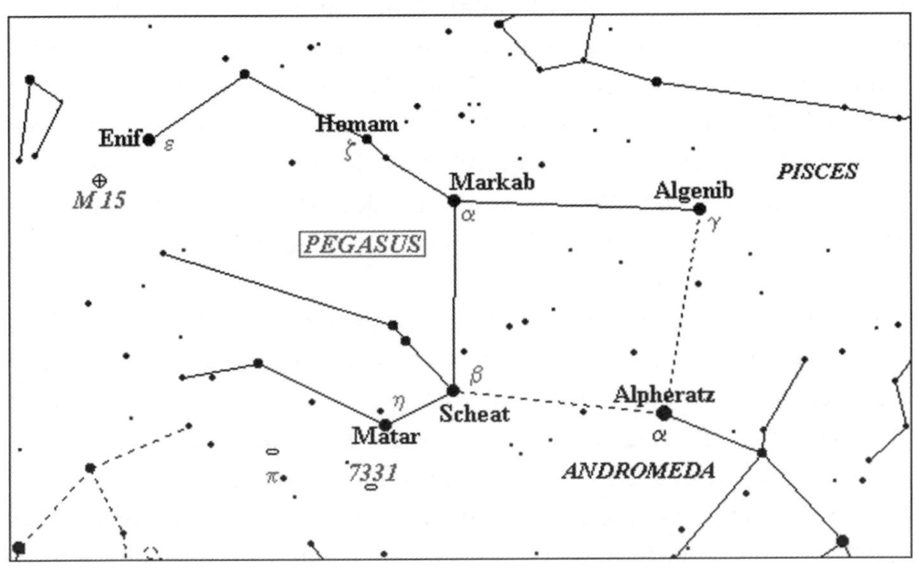

Im Sternbild des Pegasus befindet sich das Sonnensystem „Markab".

Aufgrund der Tatsache, dass die Sonne von Markab in absehbarer Zeit ihre Energie aufgebraucht haben wird, begann man dort nach einem anderen bewohnbaren Planeten zu suchen, in einem fremden Sonnensystem, um dorthin überzusiedeln. Schließlich fand man ein solches im Sternbild des »Bogens«, das gleich mehrere bewohnbare Planeten beherbergte. Ein Sternbild Bogen gibt es am irdischen Himmel nicht. Doch auf Markab. Und das entdeckte System? Unser Sonnensystem! Man beschloss, hier mit Hilfe einer »List« einzudringen. Da die Markabianer über Antigravitations-Fluggeräte (Flugscheiben) verfügten, die auch ein Reisen in der Zeit ermöglichten, konnte man die zeitliche Lage dieses »Erstkontaktes« frei bestimmen. Mit einem solchen »Trick« also gelangten die Fremden in unser System. Hier besiedelte man den zu einer früheren Zeit bewohnbaren Planeten Mars. Als die Markabianer dann auf der Erde landeten, war diese allerdings zu ihrem Leidwesen schon bewohnt. Da ein kosmisches Gesetz des »freien Willens« existiert, dessen Einhaltung von mehreren übergeordneten außerirdischen Mächten überwacht wird, konnte man die Erde nicht einfach ohne die Einwilligung ihrer Bevölkerung übernehmen. Man musste eine Möglichkeit finden, die Erdbewohner zu einer letztendlich freiwilligen Übergabe ihres Planeten zu bewegen. Zu diesem Zweck kontaktierten die Markabianer vor etwa fünftausend Jahren ein Volk der Erde, das ihren Vorstellungen entsprach, und spielten »Gott«. Mit Hilfe der mitgebrachten Technologie vollbrachten sie »Wunder« und versklavten die Menschen geistig. Man zwang sie zu strengem Gehorsam, ließ sich anbeten und schuf so eine Art von »Religion«.
Nachdem dieses ausgesuchte Volk völlig ergeben war, schloss man einen Vertrag mit ihm. Man bot ihm an, das herrschende Volk auf Erden zu werden, sofern es den Markabianern zu ihren Zielen verhelfe. So entstand der Plan, dass ein paar Markabianer – die den Menschen sehr ähnlich sehen – die Führung dieses Volkes übernehmen würden und das ausgesuchte Volk im Laufe der Zeit alle anderen Völker der Erde unterwandern und letztendlich übernehmen solle. Danach, wenn die Erde in eine einzige Weltregierung eingebunden wäre, würde man die Erdbevölkerung soweit

dezimieren, dass nur eine kleine Gruppe für Sklavenarbeiten zurückbleiben würde, um die Markabianer zu bedienen.

An dieser Stelle möchte ich Ihnen, liebe Leser, Gelegenheit geben, selbst darüber nachzudenken, um welches Volk es sich hier womöglich handelt. Wie heisst es doch so schön: »Wer suchet, der findet!«
L. Ron Hubbard machte damit natürlich eine Entdeckung, die gefährlich für ihn und seine Organisation werden konnte. Die »geheime Regierung« (Illuminati) fand sehr schnell heraus, was Hubbard da entdeckt hatte und in seiner Organisation »Scientology« auch lehrte. Mit Hilfe des CIA begann man »Scientology« zu unterwandern. Man startete eine Operation mit dem Namen »Renroad«, bei der einzelne Teile der »Kirche« gegeneinander ausgespielt wurden. Das Resultat war, dass L. Ron Hubbard 1981 aus seiner eigenen Organisation gedrängt wurde und der Kanadier Bronfman – seinerseits der wahrscheinlich größte Whiskyhersteller der Welt – die Scientology-Kirche seither steuert. So gesehen ist Scientology seit 1981 nicht unbedingt ein konstruktiver Verein. Aber man hatte erreicht, was man wollte. Die Informationen über die Markabianer blieben und bleiben der großen Öffentlichkeit vorenthalten.
L. Ron Hubbard verstarb am 24. Januar 1986. Schon fünf Jahre zuvor hatte es eine große Austrittswelle bei Scientology gegeben. Einige dieser Aussteiger schlossen sich später zur sogenannten »Freien Zone« zusammen, die unabhängig von Scientology »auditieren« und sich sehr stark mit dem Thema »Markabianer« auseinandersetzen.
Nach diesem Exkurs aber wieder zurück ins Jahr 1946, zu L. Ron Hubbard, Jack Parsons und dem »Babalon-Working«. Wie schon erwähnt, war Jack Parsons Mitglied beim »Ordo Templi Orientis«. Er trat dieser Geheimgesellschaft im Jahre 1941 bei und fungierte kurzfristig als Vorsitzender der Agapé-Loge des Ordens. Hubbard, der ihm eigentlich zur Überwachung zur Seite gestellt war, wurde schließlich sein engster Freund. Beide besaßen ein großes Interesse an Magie und den damit verbundenen Ritualen. Jack Parsons, seine damalige Frau Marjorie Cameron sowie L. Ron Hubbard entschlossen sich 1946 dazu, jenes besagte »Babalon-Working« durchzu-

führen. Darunter ist ein magischer Ritus zu verstehen, der sich über Tage hinweg erstreckte und zur wohl berühmtesten magischen Handlung des 20. Jahrhunderts avancierte. Sein Ziel: die Erzeugung eines sogenannten »Mondkinds«, um einen Ausgleich zu dem kriegerischen und extremen Patriarchat des Fischezeitalters zu schaffen.

Mit „Babalon" verbindet ein Magier die Mutter des Universums, das verständnisvolle Prinzip. Nach dem dunklen Zeitalter der patriarchalischen Machtsysteme kommt Babalon uns nun als weibliche Komponente zu Hilfe, welche die vorangegangenen Tragödien harmonisiert und uns ins Wassermann-Zeitalter führt: Ein Zeitalter der Erleuchtung und des Vertrauens.

Das „Babalon-Working" begann mit einer ausführlichen rituellen Zeremonie. Parsons und Cameron setzten ihre sexuellen Energien ein, während Hubbard die Durchführung mit seiner astralen Sicht überprüfte. Es war ein erschöpfendes Ritual, das eine interdimensionale Tür für die Manifestation der Göttin Babalon öffnen sollte.

Zu Jack Parsons großer Überraschung war Aleister Crowley von diesem Experiment überhaupt nicht begeistert. Crowley war so beunruhigt, dass er Jack Parsons aus dem O.T.O. hinauswerfen ließ. Interessant ist auch zu wissen, dass Marjorie Cameron später erklärte, Parsons und Hubbard seien beide nach dem Experiment nicht mehr dieselben gewesen. Jack Parsons wurde sechs Jahre später umgebracht. Ein Jahr darauf starb Aleister Crowley.

Bei alledem stellt sich natürlich unweigerlich die Frage, warum Crowley denn so beunruhigt war. Hatte man beim »Babalon-Working« ebenfalls eine Art Tor geöffnet, wie dies beim Montauk-Projekt geschah? Hatte man damit vielleicht etwas Positives in Gang gesetzt, etwas, das die Experimente in Montauk sowie die dahinter stehende Intention der geheimen Auftraggeber stören, beeinflussen oder vielleicht sogar neutralisieren kann?

10. Einige Überlegungen zur »Zeit«

»Die Zeit ist aus den Fugen«
(aus Hamlet)

Wie ich schon aufgezeigt habe, entdeckte man während der Forschungen in Montauk, dass der medial begabte Proband im „Montauk-Chair" mit Hilfe seiner Gedanken, dem Gedankenverstärker und der Delta-T-Antenne in der Lage war, die »Zeit« zu krümmen. Der Grund dafür liegt möglicherweise in der Geschwindigkeit, mit welcher sich Gedanken in der ihnen zur Verfügung stehenden Matrix fortbewegen. Wie Forschungen der amerikanischen Geheimdienste und des US-Militärs im Hinblick auf die Technik des sogenannten »Remote Viewing« (Fernwahrnehmung) zeigten, konnten Gedanken zwischen zwei Personen in »Nullzeit«, das heißt im selben Moment ausgetauscht werden.
Das Remote Viewing ist eine erlernbare Technik zur Beherrschung von außersinnlichen Wahrnehmungen – einmal salopp gesagt also »kontrolliertes Hellsehen«. Im Rahmen des streng geheimen Militärprojektes »Stargate«, das auf den Forschungen des »Stanford Research Institute« in Kalifornien aufbaute, wurden ausgesuchte Soldaten als sogenannte »PSI-Agenten« ausgebildet. Auf wissenschaftlicher Grundlage entwickelte sich Remote Viewing zu einem perfekten Instrument, um räumlich oder auch zeitlich entfernte Orte, Personen oder Ereignisse medial aufzuspüren.
Die Geschwindigkeit der »Gedanken« scheint also höher als die Lichtgeschwindigkeit zu sein. Diese wichtige Erkenntnis möchte ich an dieser Stelle ganz besonders betonen. Übrigens gibt es dazu sehr passend einen Abschnitt in den alten indischen Veden. Dort heißt es: »Das schnellste von allem, was fliegt, ist der Gedanke!«

Um meine folgenden Ausführungen in Bezug auf die »Zeit« verständlicher zu machen, dürfte es hilfreich sein, die Idee des sogenannten »Zeitrades« zu verinnerlichen – wobei zu berücksichtigen ist, dass diese Darstellung von der aktuell etablierten Kosmologie abweicht.

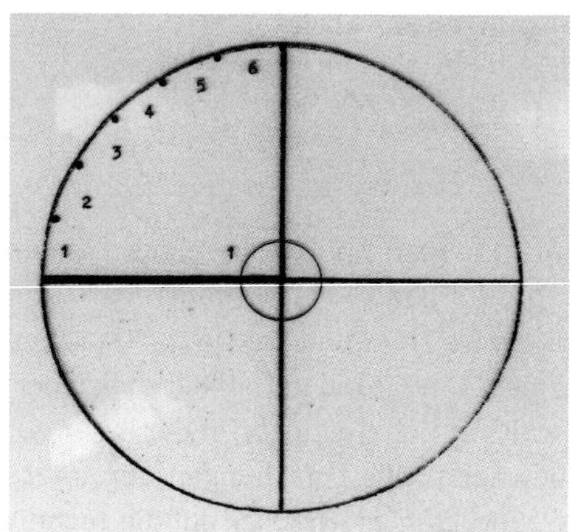

Das Prinzip des „Zeitrades". Die Radnabe eines Rades rotiert stets langsamer als der Radreifen. (Quelle: „Zeitmaschinen" von Norbert Jürgen Ratthofer)

Seit der Erfindung des Rades vor vielen tausend Jahren wurde es offensichtlich, dass bei dessen Umdrehung der Radreifen eine erheblich größere Strecke zurücklegt als die innen gelegene Radnabe.

Wird nun (rein theoretisch) ein solches Rad oder eine große Scheibe in eine immer schnellere Umdrehung versetzt, bis dann die Radnabe mit annähernder Lichtgeschwindigkeit (300.000 km/s) rotiert, so würde dies theoretisch zur Folge haben, dass der Radreifen mit Überlichtgeschwindigkeit rotiert. Da aber die Lichtgeschwindigkeit gleichzeitig auch die maximale Ausdehnungsgeschwindigkeit unseres Universums ist, müsste ein überlichtschneller Körper, Materie oder Energie (siehe Einstein: $E = mc^2$) im Prinzip unser bekanntes Universum verlassen und wäre deshalb hier nicht mehr existent. Nun, unser Universum existiert aber nicht nur für einen Augenblick, sondern schon seit vermutlich zwanzig Milliarden Jahren. Deswegen verschwindet zwar der nun »singulär« gewordene Radreifen aus unserer relativen Gegenwart und taucht dafür in der Vergangenheit der Erde und des Universums auf, in welcher die Lichtgeschwindigkeit etwas über seiner eigenen Rotationsgeschwindigkeit liegt. Dabei sollte man wissen, dass heute einige Wissenschaftler eine zu Beginn des Universums weitaus höhere Expansions- und Lichtgeschwindigkeit voraussetzen als die uns bekannten annähernd 300.000 Kilometer pro Sekunde. Demnach sank die Expansionsgeschwindigkeit und somit auch die Lichtgeschwindigkeit des Universums sehr bald nach dessen Entstehung (Urknall) auf den heute bekannten Wert ab.

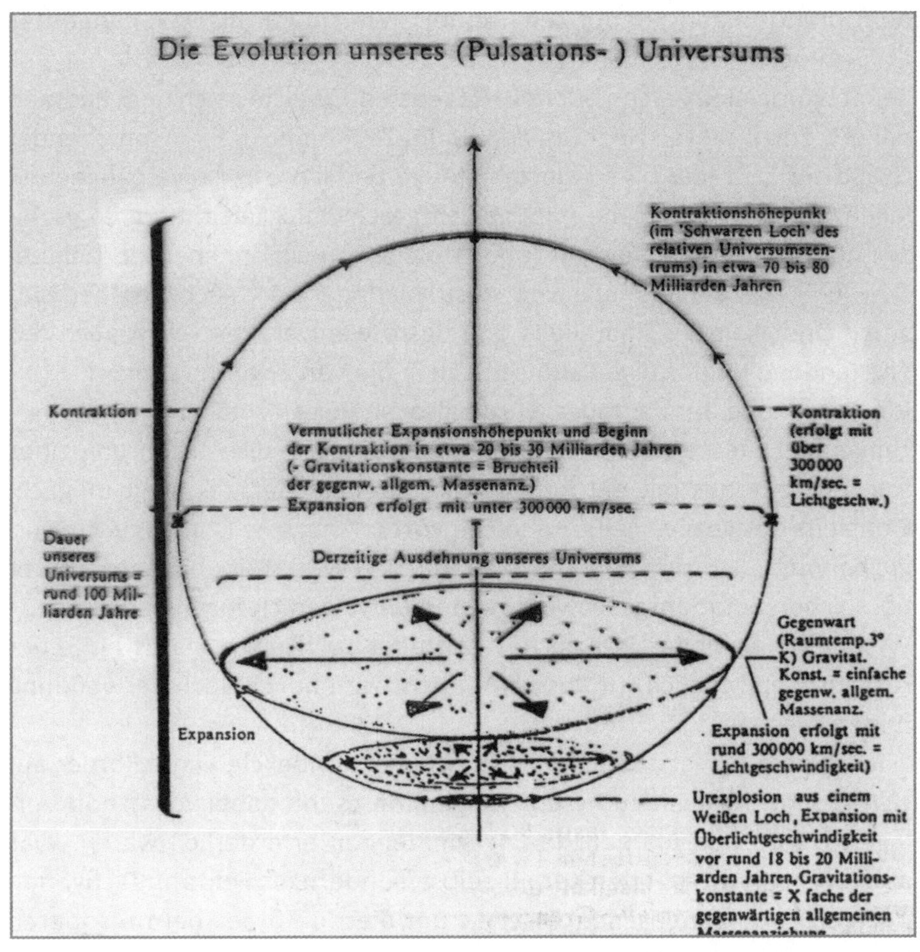

Die Evolution unseres Pulsationsuniversums.
(Quelle: „Zeitmaschinen" von Norbert Jürgen Ratthofer)

Das in unserer relativen Gegenwart mit Fastlichtgeschwindigkeit (Radnabe/Radinnenseite) drehende Rad rotiert dann also mit seiner Außenseite (Radreifen), je nach Rotationsgeschwindigkeit, bis in die allerfernste Vergangenheit unseres Universums. Damit bildet das Rad einen bis zu zwanzig Milliarden Jahre in die Vergangenheit zurückreichenden, ringförmigen »Raum-Zeit-Tunnel«, ein ringförmiges sogenanntes »Wurmloch«.

Somit würde eine Person oder ein Gegenstand, welcher sich dem Radrand nähert, durch diesen ringförmigen Raum-Zeit-Tunnel bei entsprechender Größe des Zeitrades bis zu fünfzehn Milliarden Jahre in die Vergangenheit fallen, wenn die Radnabe mit Fastlichtgeschwindigkeit rotiert. Je geringer nun die Geschwindigkeit (aber trotzdem noch annähernde Lichtgeschwindigkeit) der Radnabe wird, desto niedriger wäre auch die Überlichtgeschwindigkeit des Radreifens und desto weniger weit reicht auch das entstandene ringförmige Raumzeitloch in die Vergangenheit zurück.

Die Anordnung des Zeitrades würde also ein Reisen zumindest in die Vergangenheit theoretisch ermöglichen. Allerdings ist die Ausführung eines solchen Zeitrades mit der heutigen »offiziellen« Technik nicht möglich. Einerseits deswegen, weil eine solche Vorrichtung eine Unmenge an Energie benötigt, und zum anderen, weil es jeden Werkstoff und jeden Körper bei solchen Rotationsgeschwindigkeiten unweigerlich zerreissen würde.

Wichtig ist aber, das Prinzip des Zeitrades zu kennen, da es bei einer realistischen Möglichkeit des Zeitreisens letztendlich doch Verwendung finden kann.

Wie ich gerade feststellte, ist es so gut wie unmöglich, einen Körper auf Lichtgeschwindigkeit zu beschleunigen, da es ihn dabei vollständig zerlegen würde und unendliche Energiemengen erforderlich wären. Was aber, wenn man nicht den Körper selbst, sondern ein Feld von Tachyonen oder elektromagnetischen Teilchen um diesen Körper herum rotieren lassen würde? Der Effekt wäre, dass sich der im Inneren eines solchen Feldes befindliche Körper in einem eigenen »Miniuniversum« befindet, dessen Aufenthalt in der Zeit von der Geschwindigkeit des um ihn herum rotierenden Feldes abhängt. Wie wir schon gesehen haben, spielte sich etwas Ähnliches 1943 an Bord der U.S.S. Eldridge ab. Ausgehend von dieser Möglichkeit böte sich als ideales Zeitreisevehikel eine Kugel aus überlichtschnellen Teilchen an, in deren Zentrum sich der Zeitreisende aufhält. Interessanterweise wird ein absolut identisches Vehikel von Hollywood in den »Terminator«-Filmen inszeniert. Die dabei aus der Zu-

kunft kommenden Roboter erscheinen erst auf der Bildfläche, nachdem sich eine »Energiekugel« um sie herum verflüchtigt hat...
Apropos Überlichtgeschwindigkeit! Professor Günter Nimitz, der an der Universität Köln lehrt und arbeitet, maß in einem mehrfach wiederholten Experiment 4,7fache Lichtgeschwindigkeit. Bei diesem Experiment jagte man Mikrowellen über zwei genau gleich lange Teststrecken. Einziger Unterschied: Bei der einen Strecke mussten die Wellen einen Tunnel überbrücken, bei der anderen nicht. Dieser »Tunneleffekt« führte zur Überlichtgeschwindigkeit. Das Experiment wurde anschließend überall in der Welt wiederholt und das Ergebnis bestätigt. An der Universität von Berkeley in den USA erreichte man dabei sogar 87fache Lichtgeschwindigkeit.

Der Physikprofessor Gerald Feinberg von der Columbia-Universität in New York veröffentlichte bereits im Jahr 1967 eine Studie über Teilchen, die ausschließlich jenseits der Lichtgeschwindigkeit existieren. Professor Feinberg nennt diese Teilchen »Tachyonen« (abgeleitet von griechisch »tachys« = schnell). Die Folgeschlüsse der Berechnungen Professor Feinbergs sind sensationell, denn diese Tachyonen können in der Zeit rückwärts laufen.
Das Verstehen der Zeit als ein Teil unseres Universums ist auch eng verbunden mit der Existenz sogenannter Parallelwelten oder Paralleldimensionen. Mir ist klar, dass dies für den einen oder anderen Leser schwer verdaulich und mit seinem aktuellen Weltbild unvereinbar ist. Die nun folgenden Informationen in bezug auf Paralleluniversen und weitere Dimensionen sollen dieses Weltbild auch nicht zerstören, sondern vergrößern und ausbauen.
Die Teilnehmer am „Montauk-Projekt“, allen voran Al Bielek, berichten davon, dass es mindestens noch drei Parallelwelten neben unserer »Welt« gibt. In diesen Parallelwelten gibt es wie bei uns Menschen und Institutionen, allerdings verlief die geschichtliche Entwicklung dort anders als hier. So berichtete Al Bielek zum Beispiel von einer Parallelwelt, in der Deutschland den zweiten Weltkrieg gewonnen hat. Sie können sich unschwer vorstellen, dass das Jahr 2015 in jener Welt etwas anders aussieht als bei uns.

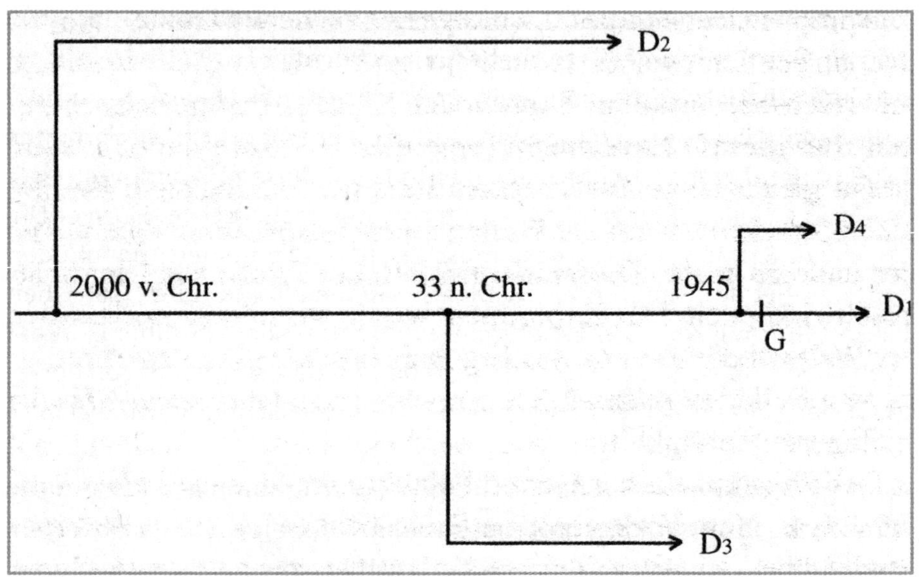

Jede gravierende Veränderung im Zeitgefüge hat die „Erschaffung" einer Parallelwelt (D2, D3, D4...) zur Folge. Laut den Berichten von Montauk-Mitarbeitern gab es solche Eingriffe zur Zeit Jesu, ca. 2000 Jahre v. Chr. und in der Zeit des 2. Weltkrieges.

Der Mensch lebt in einer für ihn »messbaren« Welt mit vier Dimensionen. Wir können unsere Umgebung mit Hilfe von Breite, Länge und Höhe dreidimensional räumlich beschreiben. Hinzu kommt dann noch als vierte Dimension die Zeit, die ja ebenfalls messbar ist. Dies alles heißt jedoch nicht, dass nicht noch etliche weitere Dimensionen existieren, die mit unseren Sinnen einfach nicht erfassbar sind. Es gibt bereits wissenschaftliche Theorien von namhaften Forschern, die eine Welt mit bis zu vierzehn Dimensionen annehmen.

Um die Beschaffenheit und die »Lage« von Parallelwelten besser verstehen zu können, ist es unabdingbar, sich auch mit der sogenannten »5. Dimension« zu befassen. Laut Al Bielek haben die Forschungen zum „Projekt Rainbow" in Princeton bereits in den 1930er Jahren die Beschaffenheit unserer „5. Dimension" an den Tag gebracht. Ist es nicht – und diesen

Einwurf muss ich hier nun einfach anführen – sehr seltsam, dass Wissenschaftler bereits in den 1930er Jahren eine äußerst wichtige Entdeckung machten, dass aber »Otto Normalinformierter« zu Beginn des 21. Jahrhunderts noch immer nichts davon weiß? Die Wissenschaftler in Princeton fanden heraus, dass unsere »5. Dimension« eigentlich eine zweite Zeitdimension (T2) ist, die um unsere bekannte Zeit (T1) rotiert. Man nannte T2 später auch »spinner« (abgeleitet vom englischen »to spin« für »sich drehen«, »rotieren«). Man stelle sich einen dreidimensionalen Würfel vor, von dem rechtwinklig ein Vektor T1 ausgeht, der dem »Fluss« der Zeit entspricht. Auf diesem Vektor T1 wiederum steht dann im rechten Winkel der Vektor T2, der sich um T1 dreht. Im Endeffekt beschreiben wir wie auch unsere Welt somit eine Art Korkenzieherform, die sich durch das Universum bewegt. Messbar ist dabei allerdings nur die Fortbewegung in eine Richtung (T1). Betrachten wir uns jetzt einmal diese korkenzieherartige Form, mit der wir uns aufgrund des Zusammenspiels von T1 und T2 durch das Universum bewegen, und nennen es der Einfachheit halber nur »Zeitfeld«. Nach den Angaben von Al Bielek ist es mit Hilfe von speziellen elektromagnetischen Feldern und Radiofrequenz-Feldern möglich, dieses Zeitfeld zu manipulieren und zu »verdrehen«. Beim „Philadelphia-Experiment" ließ man das Zeitfeld rotieren, in dem das Schiff selbst saß. Wenn man so das Zeitfeld eines Körpers um 45 Grad dreht, wird der Körper unsichtbar. Wenn man das Zeitfeld um 90 Grad versetzen lässt, fällt der Körper aus unserer Realität heraus und taucht im Hyperraum oder – wenn dort vorhanden – in einer Parallelwelt auf. Genau dies geschah mit der U.S.S. Eldridge beim „Philadelphia-Experiment". Die grundlegende Technik besteht darin, das Zeitfeld zu drehen. Als Folge davon gehen z. B. Radarstrahlen durch das Testobjekt hindurch, als würde es nicht existieren. Wenn man es weit genug dreht, existiert das Objekt plötzlich dann auch optisch nicht mehr.

Wird also das Zeitfeld eines Körpers um 90 Grad gedreht, und es existiert dort eine Parallelwelt, die beispielsweise durch den Eingriff eines Zeitreiseteams entstanden ist, so wird der gedrehte Körper zum sichtbaren Be-

standteil genau dieser Parallelwelt. Was die Entstehung von Parallelwelten betrifft, dazu soll bald noch mehr folgen.
Bei Zeitreiseprojekten wie dem „Montauk-Projekt“ kommt natürlich immer wieder die Frage auf, was passiert, wenn man per Zeitreise eine Veränderung in der Vergangenheit herbeiführt, die ein »Zeitparadoxon« zur Folge hat. Am bekanntesten ist dabei wohl das sogenannte „Großvater-Paradoxon“. Dabei wird folgendes angenommen: Ein Zeitreisender geht in der Zeit zurück bis zu einem Punkt, an dem sein Großvater noch ein kleines Kind ist. Der Zeitreisende tötet dabei seinen zukünftigen Großvater, noch bevor dieser die Möglichkeit hatte, selbst ein Kind zu zeugen. Dies würde nun bedeuten, dass der Zeitreisende überhaupt nicht vorhanden wäre, da ja dessen Vater (oder Mutter) nie gezeugt wird und ohne einen Zeitreisenden der Großvater allerdings auch nicht getötet werden würde. Somit entsteht ein Paradoxon – eine Entwicklung, die sich selbst verhindert.
Die Wissenschaftler des „Montauk-Projekts“ wollten es genau wissen. Man schickte verschiedene Zeitreiseteams in die Vergangenheit, um die Auswirkung eines Paradoxons auf unsere Gegenwart zu überprüfen. Das Ergebnis war mehr als erstaunlich. Man musste nämlich feststellen, dass jede solche Veränderung in der Vergangenheit dazu führte, dass eine neue zusätzliche Parallelwelt entstand. In dieser Parallelwelt gab es dann – um bei unserem Beispiel »Großvater-Paradoxon« zu bleiben – keinen Sohn und damit auch keinen zeitreisenden Enkel. Interessanterweise kam es aber für die Entwicklung der Welt dabei zu einer Art »Weichenstellung«. Damit ist gemeint, dass für jene Menschen, die eine Zeitmanipulation als »Gegenwart« erleben, der neu geschaffene Weg – sprich die Welt ohne Großvater – derjenige ist, dem man folgt.

Nach den Informationen der ehemaligen Montauk-Mitarbeiter haben wir in unserer Geschichte mindestens drei solcher Veränderungen in der Zeit »begleitet«. Der erste Eingriff fand vor etwa fünftausend Jahren im Nahen Osten statt, der zweite zu Lebzeiten von Jesus Christus und der dritte während des Zweiten Weltkrieges. Der Vollständigkeit halber müsste man auch

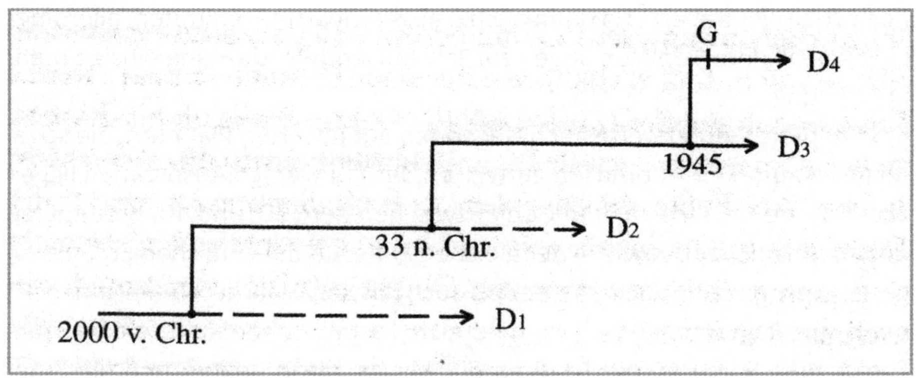

Für jene Menschen, die eine Zeitmanipulation als »Gegenwart« erleben, ist der neu geschaffene Weg – sprich die Welt ohne Großvater – derjenige, dem man folgt.

noch die Zerstörung des „Montauk-Projekts" am 12. August 1983 als Eingriff in die Zeit betrachten, da damit die zu erwartende Zukunftslinie völlig verändert wurde. Dies erklärt im übrigen auch, warum sich ab 1983 keine Prophezeiungen oder mediale Vorhersagen aus der Zeit vor 1983 mehr verwirklichten. Ganz gleich, ob man Edgar Cayce, Nostradamus oder irgendeinen der deutschsprachigen »Seher« heranzieht, nach dem 12. August 1983 trat nichts mehr ein. Der Grund liegt auf der Hand. Diese Propheten lagen keineswegs falsch, allerdings ereignete sich wieder eine »Weichenstellung« und die Zeitlinie der Prophezeiungen geriet damit aufs »Abstellgleis«. Gott sei Dank, muss man sagen, wenn man sich die entsprechenden Voraussagen für das Ende des 20. Jahrhunderts rückblickend noch einmal ansieht. Natürlich wird an dieser Stelle der ein oder andere »Prophezeiungs-Experte« einwenden, dass dies nicht stimmt, weil ja zum Beispiel der Fall der Berliner Mauer oder die Auflösung der Sowjetunion tatsächlich wie vorhergesagt eintrafen. Grundsätzlich ist dies ja auch richtig, allerdings muss man zum einen unterscheiden, ob ein Ereignis von einer übergeordneten Macht (zum Beispiel von der Geheimregierung) so »geplant« war und zum anderen muss man auch sehen, wie weit vom 12. August 1983 zeitlich entfernt sich ein Ereignis abspielt. Natürlich gibt es Geschehnisse, die ihren Ursprung

noch vor 1983 haben und dann auch – abgeschwächt – eintrafen, allerdings ging von all den Prophezeiungen zur Jahrtausendwende keine einzige mehr in Erfüllung.
Es gibt interessanterweise auch Gegenden auf unserem Planeten, die sogenannte Raum-Zeit-Anomalien aufweisen. Bis auf wenige Ausnahmen liegen alle betroffenen Orte in dem Gebiet zwischen dem 20. und 40. Breitengrad der Nordhalbkugel, sowie in der gleichen Zone auf der südlichen Erdhalbkugel. Sowohl das Bermuda-Dreieck als auch das sogenannte »Teufelsdreieck« bei Japan, liegen exakt in diesem Bereich. Fast alle alten Kulturen, wie zum Beispiel die Sumerer, die Ägypter, die Mayas, die Israeliten und die Inder liegen im nördlichen »Gürtel« zwischen 20. und 40. Breitengrad. Was für viele Forscher überraschend war, jedoch ganz besonders ins Auge sticht, ist die Tatsache, dass so gut wie alle Berichte zu UFO-Abstürzen aus denselben Breitengraden kommen. Dazu zählen der berühmte »Roswell-Crash« in den USA von 1947, der sogenannte »Kalahari-Zwischenfall« im südlichen Afrika von 1989, der UFO-Vorfall von Varginha in Brasilien 1996 sowie der sogenannte »Lesotho«-Zwischenfall von 1995. In seinem Buch »Das Bermuda-Dreieck«, das im Jahre 1975 in Deutschland erschien, bildete Charles Berlitz eine Weltkarte ab, auf der die betroffenen Gebiete markiert sind. Ich habe diese Karte zum besseren Verständnis der eben angesprochenen Informationen mit in das vorliegende Buch aufgenommen.
Aus den Gegenden mit Raum-Zeit-Anomalien wird immer wieder vom »Grünen Nebel« berichtet. So meldeten Flugzeug- und Schiffsbesatzungen im Bermuda-Dreieck per Funk das Auftreten dieses »seltsamen grünleuchtenden Nebels«, kurz bevor sie spurlos verschwanden. Wenn man solche Berichte hört, fällt einem unweigerlich wieder das „Philadelphia-Experiment" ein, bei dem sich die U.S.S. Eldridge plötzlich im vermeintlichen Nichts auflöste, nachdem sie eben noch von »grünem Nebel« umschlossen war.

Nun, bekanntlich bestätigen Ausnahmen die Regel. Und auch dieser »grüne Nebel« wurde schon an einem Ort gesichtet, der nicht zwischen dem 20. und 40. Breitengrad liegt, jedoch schon seit Jahrhunderten we-

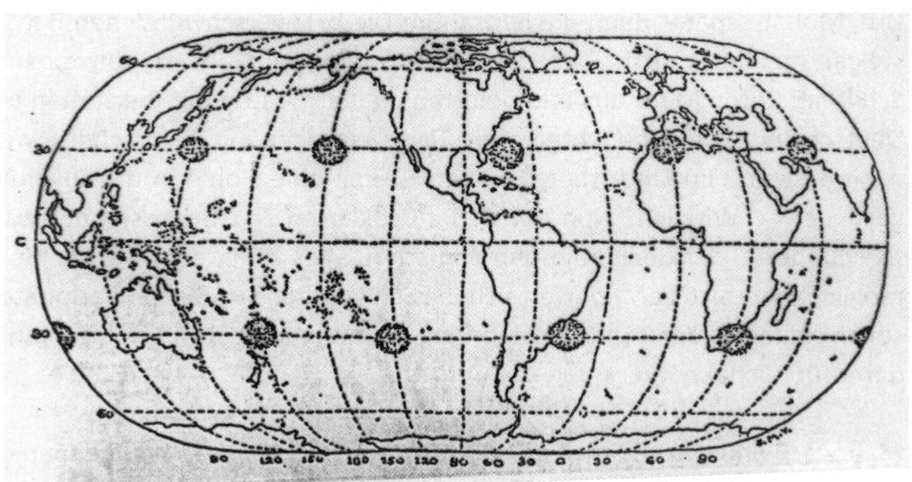

Weltkarte der „Raum-Zeit-Anomalien". (Quelle: Charles Berlitz)

gen seiner immer wiederkehrenden Zeitanomalien für Überlieferungen und Legenden gesorgt hat. Ich meine damit den sagenumwobenen Untersberg bei Berchtesgaden, an der Grenze zwischen Deutschland und Österreich. Die bisher letzte große »Unregelmäßigkeit« liegt noch gar nicht so lange zurück. Es geschah im Jahr 1987, und die ganze Geschichte ist bis zum heutigen Tag ein Mysterium. Drei junge Münchner, ein junges Ehepaar und deren Freundin, waren Mitte August (!) 1987 am Untersberg unterwegs und verschwanden spurlos. Bergwacht und Rettungsdienste unternahmen daraufhin unzählige Suchaktionen, die jedoch gänzlich erfolglos blieben. Alles, was man fand, bestand aus einer karierten Bluse, aufgefunden von einer Suchmannschaft in rund 1.800 Meter Höhe und in Nähe der sogenannten »Mittagsscharte« des Untersbergs. Das Gewebe war mit einer Holzklammer an einer Latsche befestigt. Höhlenforscher hinterlassen in der Regel ein Kleidungsstück am Höhleneingang, damit man sie im Falle eines Unglücks lokalisieren und retten kann. Nur war im Bereich der gefundenen Bluse kein sichtbarer Höhleneingang zu sehen. Keine Spur davon, keine Spur der Verschollenen. Nichts.

Drei Monate später dann die Sensation: Die drei verschwundenen Bergsteiger meldeten sich über Norddeich Radio aus Nahost! Von einem Schiff am Roten Meer aus telefonierten die Vermissten mit Bekannten in Deutschland. Sofort berichteten die Tageszeitungen mit Aufmachern wie »Zeitmaschine im Untersberg?« oder »Durch eine Höhle in die Zukunft gestiegen?«. Wirklich? Nun, für den aufgeklärten Zeit-Genossen des 20. Jahrhunderts, der doch bald ohnehin schon alles weiß, ein Ding der Unmöglichkeit – also veränderten sich die Schlagzeilen schnell in »Vermisste sollen zahlen« oder »Saftige Rechnung erwartet angebliche Höhlenwanderer für Suchaktion«.

Man war wirklich gespannt auf die Geschichte der »Verschwundenen«. Sichtlich beeindruckt von den finanziellen Forderungen und dem Presserummel, erzählten die drei eine Geschichte, die mir allerdings noch weniger glaubhaft erscheint als eine Reise im Raum-Zeit-Kontinuum. Aber lesen Sie selbst:

Natürlich sind die drei Münchner nicht – wie Reporter spekulierten – in einer »Zauberhöhle« am Untersberg in die Zukunft gestiegen, sondern haben ihren weissen PKW auf einem Parkplatz in Fürstenbrunn, nahe dem Untersberg, abgestellt. Man entschloss sich dort dann kurzfristig, mit der Bahn von Salzburg nach Villach zu fahren um eine Bergwanderung zu unternehmen. Der PKW selbst verblieb am Untersberg, rund zehn Kilometer von Salzburg entfernt. Im Verlauf der Bergwanderung geriet die kleine Gruppe versehentlich über die österreichisch-jugoslawische Grenze; das Ehepaar mit Pässen, die Freundin nur mit Personalausweis, ihr Pass lag im Auto. Aus Angst vor den jugoslawischen Behörden entschlossen sich die drei Personen dann zu ihrer »Odyssee in den Süden« – bis zum Roten Meer und Indischen Ozean.

Liebe Leserin, lieber Leser, jetzt entscheiden Sie bitte selbst. Ich persönlich denke, »die Zeit« wird bestimmt Licht in diese obskure Angelegenheit bringen!

Nun, jene drei Abenteurer kamen heil wieder nach Hause. Was ist aber mit all den anderen Personen geschehen, die im Bermuda-Dreieck oder bei Zeitreise-Experimenten »verloren« gingen? Beim Montauk-Projekt schickte man Tausende von Kindern und auch Erwachsenen in andere Zeitalter. Diese Menschen kamen nie wieder zurück. Müsste es denn nicht aber Spuren der Zeitreisenden geben? Überlieferungen von seltsamen Personen, die plötzlich auf der Bildfläche erschienen? Und wie sieht es mit den bereits besprochenen Zeit-Manipulationen aus? Es müsste doch eigentlich »Spuren« dieser Vorgänge in unseren alten Überlieferungen geben? Diese »Zeit«-Spuren gibt es tatsächlich...

11. »Zeit«-Spuren

»Nicht von dieser Welt!«
(aus dem Johannes-Evangelium)

Im Tagebuch eines einfachen Landsknechts stießen Forscher vor einiger Zeit auf eine Eintragung, die es wirklich in sich hat. In diesem Tagebuch aus dem Jahre 1618 wird von einem gewissen Herrn »Montsalveri« berichtet, der eines Tages in einen Gasthof einkehrte, sich sonderbar benahm und seltsame Dinge redete. Die Wirtin des Lokals wurde neugierig und fragte den Fremden, ob er denn ein Zauberkünstler sei. Montsalveri lächelte nur und antwortete: »Nennet es so, Madame, doch werdet ihr mich nicht auf Messen, Märkten oder dergleichen finden. Ich treibe meine Künste aus freier Profession. Nennet mich Showman, Televisionär oder wie ihr sonst möget. Der Name hierfür ist Schall und Rauch...«

Showman? Televisionär? Wie um alles in der Welt kann jemand vor fast vierhundert Jahren mit solchen, heute gebräuchlichen Ausdrücken um sich werfen? Aber die Geschichte ist an diesem Punkt noch nicht zu Ende. Montsalveri begann damit, so mancherlei aus dem Jahr 2000 zu erzählen. Einige der Wirtshausgäste wurden nun natürlich neugierig und baten den Fremden, mehr aus seinem Leben zu berichten. Dieser antwortete: »Gerne komme ich euren Wünschen nach, denn in ein paar Jahrtausenden sammelt sich so manches an«. Daraufhin erzählte er von seltsamen Wagen, welche sich, ohne von Pferden gezogen zu werden, aus eigener Kraft rasend schnell vorwärts bewegen könnten. Er sprach auch von Fahrzeugen, welche sich in die Luft zu erheben vermochten, um dann in beliebige Richtungen zu fliegen. Das Ganze gipfelte in seiner Behauptung, dass es einmal in ferner Zukunft recht ungewöhnliche Maschinen geben würde, die selbständig Denkprozesse durchführen. Nachdem Montsalveri seine Ausführungen beendet hatte, forderte er alle Anwesenden dazu auf, ein beliebiges Pergament zu unterschreiben. Sie sollten dies aber nicht mit einem sonst üblichen Federkiel tun. Zur Über-

raschung der im Gastzimmer versammelten Landsknechte und Bauern holte der Unbekannte plötzlich ein »kleines Ding mit einem Spänlein« aus seiner Rocktasche und forderte die Anwesenden auf, sich doch dieses Schreibgeräts zu bedienen: »Schreibet damit – es ist aus dem Jahre 2000!« Die Umstehenden ließen sich nicht lange bitten und unterschrieben der Reihe nach. Daraufhin bedankte sich Montsalveri, steckte Pergament und das Schreibgerät wieder in seinen Rock und war im nächsten Augenblick plötzlich spurlos verschwunden. Er schien geradezu wie vom Erdboden verschluckt. Die Anwesenden suchten sofort überall nach ihm und durchstöberten alle Winkel des Hauses. Doch umsonst. Der seltsame Fremde blieb für immer verschwunden.
Dass es sich bei diesem Schreibgerät aus dem Jahr 2000 um einen Kugelschreiber gehandelt haben muss, ist für uns, die wir ja in dieser Zeit leben, sonnenklar. Aber wie kommt ein Kugelschreiber in das Jahr 1618? Aufgrund seiner Erzählungen sowie der Tatsache, dass er sich im Besitz eines modernen Kugelschreibers befand, dürfte die seltsame Schilderung des Fremden tatsächlich stimmen, er also in der Tat aus der Zeit um das Jahr 2000 stammen. Als genauere Zeitangabe schätze ich das Jahr 1983, da ich vermute, dass es sich bei Herrn Montsalveri um einen Zeitreisenden aus dem Montauk-Projekt handelte. Dafür spricht auch sein plötzliches Verschwinden, ohne dabei die geringste Spur zu hinterlassen.

Es gibt in der Geschichtsschreibung also doch Hinweise auf die Zeitreisenden. Bei der Suche nach seltsamen Begebenheiten und außergewöhnlichen geschichtlichen Personen, die möglicherweise mit Zeitreisen in Verbindung stehen könnten, sticht dem thematisch Interessierten sofort ein ganz bestimmter Name ins Auge: der »Graf von Saint-Germain«!

Dieser »Graf« tauchte über Jahrhunderte wie aus dem Nichts auf und verschwand ein jedesmal auch wieder sehr schnell von der Bildfläche. Er schien offenbar nicht zu altern, konnte angeblich Blei in Gold verwandeln, war Agent der Königshöfe und gab an, Angehöriger verschiedenster

Der Graf von Saint Germain. (Foto: Peter Krassa)

Geheimbünde zu sein. Besonders auffällig ist, dass der Graf von Saint-Germain immer wieder versuchte, auf die Mächtigen in Europa einzuwirken, um auf diese Weise mögliche Entwicklungen zu steuern. Wie war das noch einmal beim Montauk-Projekt? Veränderungen in der Vergangenheit durch Zeitreisende? Der Graf von Saint-Germain scheint das Musterbeispiel eines Montauk-Agenten zu sein. Die ultimative »Zeit«-Spur!

Es ist überliefert, dass der Graf bei höfischen Tafelrunden sehr überzeugend von seinen früheren Erlebnissen berichten konnte, von Begegnungen mit so illustren historischen Gestalten wie Cleopatra, Heinrich VIII, Pontius Pilatus oder sogar Jesus Christus. Vor allem zu letzterem kursiert eine recht amüsante Anekdote: Als nämlich eine französische Hofdame mit ihrem Versuch gescheitert war, Saint-Germain sein tatsächliches Alter zu entlocken, probierte sie ihr Glück bei Saint-Germains Kammerdiener. Eher ein wenig beiläufig und in absichtlich recht unbedarftem Ton fragte sie ihn, ob sein Herr und Gebieter denn auch schon zu Christi Zeiten gelebt habe. Die Antwort des Bediensteten ließ die Hofdame gleichermaßen erzürnt wie empört das

Weite suchen. Der Lakai erklärte ihr nämlich, er wisse dies gar nicht so genau, da er doch selbst erst seit höchstens dreihundert Jahren im Sold des Grafen stünde...
Auffallend war auch, dass Saint-Germain niemals irgendwelche Speisen in der Öffentlichkeit zu sich nahm. Dies war auch Giacomo Casanova aufgefallen, dem der Graf immer wieder über den Weg lief. Bezüglich Saint-Germains Verhalten bei festlichen Banketten schrieb Casanova in seinen Memoiren: »Anstatt zu essen, redete er von Anfang bis zum Ende des Mahls. Ich folgte seinem Beispiel und aß ebenfalls nichts, sondern hörte ihm mit der größten Aufmerksamkeit zu. Man kann wohl ruhig behaupten, dass er ein Konversationsgenie war wie kein Zweiter.« So wie es aussieht, speiste also jener rätselhafte Graf heimlich. Aber warum? Aufgrund dieser wohl im verborgenen stattfindenden Nahrungsaufnahme wusste natürlich auch niemand, welche Art von Mahl er nun eigentlich bevorzugte. Man vermutete, dass er Vegetarier war, besaß dafür aber keinerlei Nachweise. Während sich eine Festgesellschaft also die Bäuche vollschlug, begnügte sich der Graf von Saint-Germain damit, Mineralwasser zu trinken. Als Casanova eines Tages um ein Treffen bei Saint-Germain bat, nannte ihm dieser dafür eine günstige Stunde, fügte aber noch hinzu: »Ich lade Sie nicht zum Essen ein, denn es würde Ihnen nicht zusagen, besonders wenn Sie Ihren früheren guten Appetit bewahrt haben.« Diese Aussage wirft die Frage auf, um welche so »andersartige« Kost es sich da wohl gehandelt haben möge. Ich bin nicht der Meinung, dass es sich hier lediglich um vegetarische Speisen dreht. Zu sehr war Saint-Germain darauf bedacht, die Art seiner Ernährung geheimzuhalten. Sollte der Graf wirklich einem Zeitreiseprojekt entsprungen sein, ist die Lösung dieser Fragen relativ einfach. Aufgrund bestimmter Krankheitserreger, wie sie heute schon lange ausgerottet wurden, aber im 18. Jahrhundert überall lauerten, wäre eine unkontrollierte Nahrungsaufnahme ein sehr großes Risiko gewesen. Aber wovon ernährte sich dann der zeitreisende Graf? Hatte er Pillen oder eine Art »Astronautennahrung« aus dem 20. Jahrhundert dabei? Wie heißt es doch immer so schön: Nichts ist unmöglich!

Auch Saint-Germains angeblicher Tod am 27. Februar 1784 schien nichts anderes als ein großes Ablenkungsmanöver zu sein. Angeblich starb der Graf auf dem Landsitz seines Freundes, dem Landgrafen Karl von Hessen-Kassel in den Armen zweier Kammerzofen. Schnell und ohne wirklich aussagekräftige Zeugen soll er in der Kirche zu Eckernförde beigesetzt worden sein. So kann man natürlich eine Rückkehr ins 20. Jahrhundert auch begründen und gestalten! Im Jahre 1785, genau am 15. Februar – also etwa ein Jahr nach Saint-Germains Tod – gab es in Wilhelmsbad einen großen, äußerst bedeutsamen Freimaurerkongress. Es war dieser Kongress, dessen Ergebnis die Unterwanderung der Freimaurer und Rosenkreuzer durch die bayerischen Illuminaten und die Verständigung auf eine weltweite Verschwörung war. In den schriftlichen Aufzeichnungen der französischen Freimaurerbruderschaft ist zu lesen: »Unter den Freimaurern, die an der großen Sitzung in Wilhelmsbad am 15. Februar 1785 teilnahmen, finden wir zusammen mit Saint-Martin und vielen anderen auch Saint-Germain.« Der Graf soll auf dem Kongress sogar noch eine Rede gehalten und sich mit der russischen Zarin Katharina der Großen getroffen haben. So schnell kann man von den Toten auferstehen!

Die Geschichte um Saint Germain wäre allerdings nicht komplett, wenn man ein Vorkommnis außer Acht ließe, das sich erst vor relativ kurzer Zeit in Frankreich abgespielt hat. Im Januar 1972 kam es im Studio eines Pariser Fernsehsenders zu einer echten Sensation. Einige Stunden zuvor war ein junger Mann bei dem Sender aufgetaucht und hatte eindringlich um ein Gespräch mit den dortigen Chefs gebeten. Aufgrund seiner Hartnäckigkeit setzte er sich schließlich durch, und er behauptete allen Ernstes, dass er vor laufender Kamera Blei in Gold verwandeln könne. Außerdem sei er in der Lage, ein Elixier herzustellen, das über lebensverlängernde Wirkung verfüge. Natürlich war den Verantwortlichen des Senders klar, dass dies nie und nimmer möglich wäre, sie gaben dem jungen Phantasten dann aber doch die Gelegenheit für seine Darbietung – schlichtweg in der Hoffnung auf hohe Einschaltquoten. Der Name des jungen Mannes lautete »Richard Chanfray«; er wies sich als französischer Staatsbürger aus. Zur Überraschung der Fernsehgewaltigen bat der Studiogast lediglich um ein gewöhnliches Camping-Kochgerät für seine Vorführung. Er hatte auch nichts dagegen, im Studio von Fachleuten genau kontrolliert und beobachtet zu werden. Die abendliche Sendung bekam dann auch sehr viele Zuseher, da der Sender tagsüber noch mächtig die Werbetrommel gerührt hatte. Die Sendung begann und das Unglaubliche geschah: Richard Chanfray setzte wirklich in die Tat um, was er vorher angekündigt hatte. Er verwandelte mit Hilfe des Camping-Kochers einen Klumpen Blei in Gold! Auch die Herstellung seines »Lebenselexiers« aus ihm allein bekannten Kräutern und Tinkturen war ein voller Erfolg. Niemand war imstande, ihm irgendeine Unkorrektheit oder sogar Betrug nachzuweisen. Das Gold stellte sich als echt heraus, das »Lebenselexier« zumindest als nicht gesundheitsschädlich. Allerdings fand man später bei der Untersuchung des Elixiers in einem Labor, dass eine Massenproduktion aufgrund der hohen Herstellungskosten nicht möglich wäre. Doch die größte Überraschung dieses Tages wartete noch auf die Fernsehzuschauer. Als Richard Chanfray von dem verblüfften und etwas ratlosen Moderator der Sendung gefragt wurde, wo er denn seine überragenden Kenntnisse erworben habe, teilte ihm dieser nur kurz und bündig mit: »Dies alles beherrsche ich schon seit vielen Jahrhunderten. Lassen Sie sich deshalb von meinem bürgerlichen Namen nicht irritieren, denn in Wahrheit bin ich – DER GRAF VON SAINT-GERMAIN!«

Wer war dieser Mann? War es wirklich derselbe Graf von Saint-Germain, oder kam er einfach aus dem selben »Stall«? Es war mir möglich, ein Foto von Richard Chanfray mit den zeichnerischen Abbildungen des damaligen Grafen zu vergleichen. Es besteht keinerlei Ähnlichkeit!

Im Hinblick auf »Zeit«-Spuren sollte man sich aber nicht nur auf Personen konzentrieren. Sicherlich haben die in Montauk durchgeführten Zeitreise-Projekte auch noch andere Spuren hinterlassen.
In der Nähe der Stadt El-Balyana in Ägypten findet man die herrlichen Tempel von Abydos. Die Ruinen der Abydos-Tempel wurden im Jahre 1859

unter der Leitung von Auguste Mariette freigelegt. Der herausragendste und interessanteste der Abydos-Tempel ist mit Sicherheit der Tempel von Sethos I. Dieser Tempel wurde zwar nie fertiggestellt, allerdings findet man an ihm eine Reihe wunderschöner Reliefs. Der Tempel ist der sogenannten »Neunheit von Abydos« geweiht, seine ältesten Teile werden auf die Zeit um 2900 vor Christus geschätzt. Diese Zeitangabe – eben rund 3000 Jahre vor Christus – sollte man sich genau merken. Natürlich findet der Besucher an und im Tempel eine große Anzahl von Hieroglyphen, allerdings erscheinen darunter auch Schriftzeichen, die dem aufgeschlossenen Betrachter ganz erheblich zu Denken geben und bis heute ein Mysterium darstellen. In einem Deckenbalken der Eingangshalle befinden sich einige Hieroglyphen, deren Aussehen einem Menschen aus dem 20. Jahrhundert doch ziemlich bekannt vorkommt.

Die Zeichen sind nämlich ohne weiteres als ein Hubschrauber, ein Panzer, eine Art Unterseeboot beziehungsweise ein umgedrehtes Maschinengewehr zu identifizieren. Der Hubschrauber ist sogar so genau dargestellt, dass man ihn als amerikanischen Kampfhubschrauber erkennen kann. Eine Öffnung an der Hubschrauberunterseite erinnert den bekannten Sachbuchautor und Wissenschaftsjournalisten Andreas von Rétyi in seinem hervorragenden Buch »Die Stargate-Verschwörung« sogar an die Konstruktion eines »fliegenden Kranes«, wie er erstmals bei einem Sikorsky-Hubschrauber realisiert wurde.

Ein Hubschrauber, ein Panzer, ein Unterseeboot. Alles nur Zufall?

Aber wie um alles in der Welt kommt ein amerikanischer Kampfhubschrauber ins alte Ägypten? Immerhin liegen hier sage und schreibe fünftausend Jahre dazwischen. Auch nur eine einzige dieser Hieroglyphen aufzuspüren, wäre schon für sich seltsam; mehrere dieser Schriftzeichen an verschiedenen Stellen zu entdecken beinahe unglaublich. Aber all diese Dinge direkt nebeneinander zu finden und dabei zu erkennen, dass es sich durch die Bank um Abbildungen von Kriegsgerät aus dem 20. Jahrhundert handelt, das ist eine Sensation. Natürlich kamen alle möglichen Skeptiker und sogenannte »Fachleute« sehr schnell daher und erklärten die Abydos-Hieroglyphen als Fälschungen. Und als diese Möglichkeit ausgeschlossen war, deuteten sie das Rätsel ebenso schnell als eine »Zufalls-Schöpfung«, entstanden durch zwei übereinanderliegende Inschriften. Quatsch mit Soße, kann man da nur sagen. Es gibt dort keine übereinanderliegenden Inschriften. Der Stein an den betreffenden Stellen ist ultraglatt. »Warum«, werden Sie sich nun als Leser fragen, »warum habe ich von einer solchen Sensation noch nichts aus den Massenmedien erfahren?« Zu recht! Warum wird das nicht publik gemacht, anstatt dass sich »Otto Normalinformierter« die Nacht um die Ohren schlagen muss, um einer »Live«-Übertragung zur Öffnung einer Tür in der Cheops-Pyramide anzusehen, die seltsamerweise bei der »Öffnung« schon offen ist? Denken Sie einfach mal einen Augenblick in Ruhe nach, Sie wissen schon...

Doch nun wieder zurück zu unserem »Kriegsgerät«. Es ist absolut logisch, anzunehmen, dass es sich hierbei wieder um eine Spur handelt, die infolge eines »Eingriffs in die Zeit« durch das Montauk-Projekt entstand. Duncan Cameron und Preston Nichols haben ja davon gesprochen: Der Zeittunnel war so breit, dass sogar Lastwagen hindurchfahren konnten, erklärten die beiden. Warum um alles in der Welt sollen dann nicht auch Panzer und Hubschrauber in der Zeit transportiert worden sein? Ich bin mir deshalb auf Grund der vorliegenden Informationen sicher, dass amerikanische Soldaten im alten Ägypten vor etwa fünftausend Jahren einen Krieg führten. Wer letztendlich den Befehl für diesen

Eingriff gab, diese zweifellos spannende Frage muss vorerst unbeantwortet bleiben. Allerdings sollte man bedenken, dass die entscheidende Institution beim Montauk-Projekt die »geheime Regierung« und die dahinterstehende Macht war.

Doch ist es jetzt an der »Zeit«, uns noch ein Phänomen anzusehen, ohne das weder das Philadelphia-Experiment noch das Montauk-Projekt stattgefunden hätte.

12. Der 12. August oder »Es gibt keinen Zufall«

»Wissen ist Macht«
(Francis Bacon)

Wie wir bereits gesehen haben, ereignete sich die Katastrophe für die Besatzung der U.S.S. Eldridge am 12. August 1943. Dabei wurde das Schiff in einen Hyperraum geworfen, der eine Verbindung zum sogenannten Montauk-Projekt schuf. Der Verbindungstag in Montauk war der 12. August 1983. Nun stellt sich natürlich die Frage, warum ausgerechnet am 12. August. Zufall? Wenn der Spruch »Es gibt keinen Zufall, es fällt einem eben zu!« stimmt – und ich weiß, dass er stimmt – muss es eine ganz besondere Bewandnis mit dem 12. August 1943 und dem 12. August 1983 haben.
Im Laufe des Phoenix-II-Projekts – so hieß das spätere Montauk-Projekt formell – machten die Wissenschaftler eine Entdeckung, deren Tragweite von den allermeisten Menschen, die sich mit Zeitreisen, dem Philadelphia-Experiment und auch dem Montauk-Projekt befassen, noch immer nicht erkannt wird. Man stellte nämlich fest, dass unser Planet einen eigenen Biorhythmus besitzt. Die Zyklen des menschlichen Körpers sind gut bekannt, aber das auch die Erde Zyklen hat, entdeckten die Wissenschaftler erst relativ spät.
Nach einer eingehenden Analyse fand man heraus, dass es vier verschiedene grundlegende Erdzyklen gibt. Diese vier Zyklen erreichen ihr Maximum alle zwanzig Jahre immer am 12. August. Daneben gibt es noch einen zehnjährigen, allerdings im Vergleich verhältnismäßig schwachen Zyklus. Der zwanzigjährige Rhythmus muss als der erheblich mächtigere Faktor angesehen werden.
Die Höhepunkte des zwanzigjährigen Erdbiorhythmus findet man also am 12. August 1903, 1923, 1943, 1963, 1983, 2003, 2023 und so weiter. Wie wir schon gesehen haben, fand ja das Philadelphia-Experiment am 12. August 1943 und das Montauk-Projekt am 12. August 1983 statt. Allerdings begann die Geschichte, die zu diesen beiden Experimenten führte, schon viel früher, und zwar am 12. August 1923 in Deutschland. Aber dazu mehr in den nachfolgenden Kapiteln.

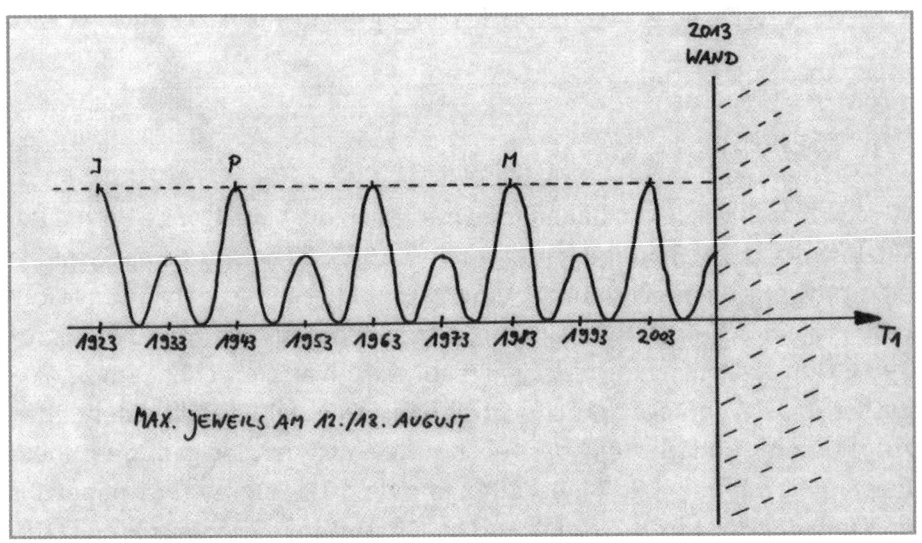

Die Höhepunkte des zwanzigjährigen Erdbiorhythmus findet man am 12. August 1903, 1923, 1943, 1963, 1983, 2003, 2023 und so weiter.

Im Hinblick auf die Tatsache, dass es sowohl beim Philadelphia-Experiment als auch beim Montauk-Projekt eine Order von »oben« – sprich der geheimen Regierung – gab, jene Experimente genau am 12. August durchzuführen, erscheint es wohl als sonnenklar, dass man dort über den Erdbiorhythmus informiert war.

Aufgrund meiner eigenen Recherchen und Forschungen im Hinblick auf das sogenannte »Reinkarnationsphänomen«, also die »Wiedergeburt«, scheint der Erdbiorhythmus auch hierbei eine wichtige Rolle zu spielen. Mit Hilfe verschiedener Rückführungstechniken ist es möglich, sich an frühere Leben zu erinnern. Dabei fiel zum Beispiel auf, dass Menschen, die 1945 im letzten Kriegsjahr starben, zum Großteil um das Jahr 1965 herum wieder inkarnierten. In den Jahren 1941 bis 1945 starben bekanntermaßen infolge der Kriegshandlungen unzählige Menschen in Europa. Interessanterweise gab es genau zwanzig (!) Jahre später die sogenannten »geburtenstarken Jahrgänge«. Eigentlich wäre eine Abhängigkeit der Seele vom Erdmagnetfeld nur logisch. Natürlich muss es nicht unbedingt ein zwanzigjähriger Schritt sein, ebenso ist es möglich, dass man erst vierzig oder sechzig Jahre später »wiederkommt«. Mir sind drei Fälle bekannt, bei denen es bereits nach zehn Jahren zur Wiederverkörperung kam, was möglicherweise mit dem schwächeren zehnjährigen Erdzyklus zu tun hat. Bei zahlreichen Menschen fiel auch auf, dass sich der Tag ihrer »Wiedergeburt« nur unwesentlich vom Geburtstag der letzten Inkarnation unterschied. Hier ein kurzes Beispiel: Ein Mann wird am 11. Oktober 1899 geboren und stirbt 1945 auf einem Schlachtfeld des zweiten Weltkriegs. Am 14. Oktober 1965 tritt er erneut als reinkarnierte Seele ins Dasein.

Nun aber wieder zurück zum Montauk-Projekt. An den Maximumstellen des Erdbiorhythmus (zum Beispiel 1943) entstehen natürliche Energiewirbel. Diese Energiewirbel wurden nach ihrer Entdeckung durch die Montauk-Wissenschaftler zur Stabilisierung der künstlichen Zeittore benützt. Die alle zwanzig Jahre auftretenden Phänomene dienten als Ankerpunkte für den Zeit-Hauptwirbel. Nebenwirbel oder solche mit offenen Enden wurden erzeugt, indem man vom Hauptwirbel aus durch einen der Ankerpunkte ging (1943, 1963 oder 1983). In Montauk benutzte man als Ankerpunkt den 12. August 1983. Wenn man zum Beispiel den Dezember 1980 anpeilen wollte, war es notwendig, zuerst eine Brücke zwischen Dezember 1980 und dem 12. August 1983 zu bilden. Man musste also zuerst zum 12. August 1983 reisen, um danach von diesem Datum aus jeden beliebigen Zeitpunkt in der Zukunft oder der Vergangenheit anzuvisieren. Der absolute Hauptwirbel verlief zwischen dem 12. August 1943 und dem 12. August 1983. Preston Nichols sagt dazu: »Hier hatten die Forscher die nötige Stabilität, das zu kreieren, was wir als einen Wirbel mit offenem Ende bezeichnen. So wurden sie deshalb genannt, weil sich am anderen Ende des Wirbels keine Zeitmaschine befand, um den Strudel von dort her zu verankern. Obwohl man den Zeitaspekt der Tore verankert hatte, musste nun auch an einer räumlichen Verankerung gearbeitet werden. Dies war von Notwendigkeit, damit sie ein Zeittor nicht nur in eine genaue Zeit, sondern auch an einen exakten Ort plazieren konnten.«

Als nun am Abend des 12. August 1983 in Montauk das Unglaubliche passierte und die beiden Matrosen Edward Cameron und Duncan Cameron aus dem Jahr 1943 erschienen, war die Betriebsamkeit auf der Basis natürlich riesengroß. Da ja beide als Duncan Cameron und Al Bielek am Montauk-Projekt mitarbeiteten, musste man, um ein Zeitparadoxon oder andere Negativeffekte zu verhindern, alles tun, damit sie sich nicht selbst begegneten oder sahen. In diesem Moment nahm das ganze Projekt apokalyptische Ausmaße an. Es wurden Naturgesetze gebrochen und keiner der Beteiligten fühlte sich bei der ganzen Geschichte mehr wohl. Wie bereits beschrieben, entschlossen sich Duncan und andere Teammitglieder, das komplette Projekt zu sabotieren. Dazu kreierte Duncan, während er im Montauk-Chair saß, ein apokalyptisches Monstrum, das die Basis auf Montauk-Point zerstörte.

Das zweite Buch zum Montauk-Projekt, „Rückkehr nach Montauk" erschien 1995 auch in Deutschland.

Nach diesen heftigen Ereignissen räumte man den Stützpunkt blitzartig, und die meisten der am Projekt beteiligten Personen wurden sofort einer eingehenden Untersuchung mit anschließender Gehirnwäsche unterzogen. Im Mai 1984 wurde dann ein Spezialkommando der »Black Berets« auf das verlassene Gelände geschickt, um auf alles zu schießen, was sich dort bewegte. Darauf folgte ein zweites Team, das alle Geräte vom Stützpunkt entfernte, durch die man Rückschlüsse auf das Projekt hätte ziehen können. Ein paar Monate später erschien eine große Kolonne Betonmischwagen, die einen großen Teil der unterirdischen Anlagen mit Flüssigbeton auffüllten. Aus dem Jahr 1991 sind später Berichte bekannt geworden, wonach die Basis wieder in Betrieb war. Unter anderem bemerkte man, dass auf dem Dach der Sendestation einige Videokameras installiert worden waren. Nach Informationen von Duncan Cameron kam es dann 1993 zu einer großen Wende als vier Außerirdische aus der Andromeda-Galaxie in den Untergrund der Montauk-Basis eindrangen. Die Andromedaner hatten eine Art ätherischer Störung im elektromagnetischen Feld über Montauk verursacht. Diese Störung wiederum führte zu einer Explosion im gesamten Untergrund und richtete damit unsagbaren Schaden an der neu angelaufenen Montauk-Operation an. Die Andromedaner sind uns wohlwollend gesonnen, und die vier an dieser Handlung beteiligten Außerirdischen waren anscheinend bereit, ihr Leben zu opfern, um den Montauk-Untergrund zu sabotieren. Seitdem wurde es sehr ruhig um Montauk. Allerdings kann der Besucher noch heute einen Bunkereingang entdecken, der Berichten zufolge direkt zu den Hauptanlagen im Montauk-Untergrund führen soll.

Ein Bunkereingang auf „Camp Hero".

Dies war – zumindest vorerst – das Ende der Projekte in Montauk. Wo hatte nun aber diese gesamte Geschichte bezüglich des Philadelphia-Experiments und des Montauk-Projekts ihren Anfang genommen? Um diese Frage beantworten zu können, müssen wir noch weiter in die Vergangenheit zurückgehen. Und zwar ins Deutschland am Ende des Ersten Weltkrieges...

13. Deutschlands okkultes Gerüst

»Was immer Du beginnst,
beginne es klug und bedenke das Ende!«
(lateinisches Sprichwort)

Kurz nach Ende des Ersten Weltkriegs erschien in einigen »deutschvölkischen« Zeitungen eine Anzeige folgenden Inhalts: »Ordensloge! Blonde, helläugige Männer und Frauen, welche sich einem deutschvölkischen Orden bzw. einer deutschen Loge mit streng germanischem Brauchtum anschließen wollen, sollen ihre Anschriften unter ›Walvater‹ vertrauensvoll einsenden.« Es war ein Zweig des geheimnisumwitterten Germanenordens, der solcherart um Mitglieder warb. Die Wurzeln des Germanenordens findet man schon in den Jahren 1906 bis 1916. In dieser Zeit kam es zu den Gründungen der ersten geheimen, germanischen Gegenlogen zum Freimaurertum und dessen unterwandertes Christentum, mit dem Ziel einer Aufklärung durch esoterische, völkische Schriften und der Anwerbung von prominenten Mitgliedern.

Aus einem dieser »Germanenorden«, der im Jahr 1912 in Bad Aibling von einem gewissen »Baron Rudolf von Sebottendorff« gegründet wurde, gingen einige der Okkultisten hervor, aus deren Gedankengut später die große deutsche Tragödie keimen sollte. Man hatte als klares Feindbild die alten, unterwanderten Freimaurerlogen sowie die Illuminaten erkannt. Sebottendorff war auch federführend beteiligt, als der Germanenorden offiziell 1918 in München mit einer ganzen Gruppe von anderen völkischen Vereinigungen zur »Thule-Gesellschaft« verschmolz. Auf die »verborgenen« Hintergründe der Entstehung der Thule-Gesellschaft werde ich später noch eingehen. Vorher ist aber zum Verständnis der wirklichen Hintergründe wichtig, sich die Person des Rudolf von Sebottendorff einmal genauer anzusehen.

Sebottendorff, der mit richtigem Namen Adam Alfred Rudolf Glauer hieß, war eine der schillerndsten Persönlichkeiten seiner Zeit. Er kam

Rudolf von Sebottendorff

gewissermaßen aus dem Dunkel, um einige Zeit in Deutschland seine Hände ins politische Spiel zu tauchen, und verschwand anschließend wieder ebenso ins Dunkel, während die von ihm hervorgebrachten Kräfte selbständig weiterarbeiteten. Interessanterweise gibt es berechtigte Zweifel, sowohl an der ehrlichen nationalen wie auch an der antisemitischen Gesinnung des Gründers jenes Thule-Ordens und dessen Umfelds, wenn man die wenigen Einzelheiten, die über sein Vorleben bekannt sind, zusammenfasst: Baron von Sebottendorff hatte bereits in der Türkei Verbindungen zu Freimaurern, Rosenkreuzern und islamischen Geheimorden geknüpft. Ein jüdischer Kaufmann soll ihn zum Meister der Rosenkreuzer gemacht haben. Von all diesen Vereinigungen kann man gewiss nicht behaupten, dass ihre Einstellung national sei. Im Gegenteil, es handelt sich hier eindeutig um internationale Vereinigungen, in denen zu allen Zeiten Juden auch in führenden Rollen tätig waren. Sebottendorffs immer wiederkehrende Aufenthalte in der Schweiz sind mit großer Sicherheit auf die Verbindungen zu seinem Freimaurer-Bruder Schwidtal zurückzuführen, den er wahrscheinlich schon in der Türkei gekannt hatte. Es ist außerdem eine Tatsache – und Sebottendorff selbst bestritt dies in seinen Schriften gleichfalls nicht – dass man aus dem Geheimbund der Freimaurer nicht einfach austreten kann. Sollte hier ausgerechnet Sebottendorff die berühmte Ausnahme von der Regel gewesen sein? Wenn man seine Tätigkeiten aufmerksam verfolgt, so keimt der Verdacht auf, dass Sebottendorff im Auftrag von »irgendjemand« den Thule-Orden gegründet hatte. War es seine Aufgabe, die nationalen Kräfte Deutschlands im Auftrag der Freimaurer unter Kontrolle zu bringen? Es standen ihm stets große finanzielle Mittel zur Verfügung, deren

Herkunft allerdings noch heute rätselhaft ist. Wer waren die Strippenzieher im Hintergrund? Der Thule-Orden bildete die Geheimgesellschaft, aus der dann später die NSDAP mit ihrem Führer Adolf Hitler hervorging. Mit der Gründung der NSDAP schien Sebottendorff seine »Aufgabe« erfüllt zu haben, denn bereits kurz danach verließ er Deutschland, um wieder in der Versenkung zu verschwinden, aus der er gekommen war.
Es gibt verschiedene Meinungen darüber, wann die Thule-Gesellschaft wirklich ihre Gründung erfahren hat. Es ist aber davon auszugehen, dass ein Treffen verschiedener Persönlichkeiten im Wiener Café »Schopenhauer« im Jahre 1917 die eigentliche Geburtsstunde der Thule-Gesellschaft war. Bei den Teilnehmern dieses Treffens handelte es sich um den bereits erwähnten »Baron Rudolf von Sebottendorff« sowie dem Gurdjeff-Schüler Professor Karl Haushofer, dem Kampfflieger Lothar Waiz, den Prälat Gernot von der geheimen Erbengemeinschaft der Tempelritter (»Societas Templi Marconi«) und nicht zuletzt Maria Orschitsch, ein transzendentales Medium aus Zagreb. Die Gruppe beschäftigte sich mit allen möglichen Geheimlehren, verborgenen Überlieferungen und asiatischen Geheimlogen. Speziell Haushofer kannte sich aufgrund seiner Indien- und Tibetreisen gut mit den dortigen Lehren und Mythen aus. Während des ersten Weltkrieges knüpfte er Kontakte mit den sogenannten »Gelbmützen«, einer der einflußreichsten Geheimgesellschaften Tibets und Asiens. Haushofer wurde in diesen Geheimbund eingeweiht. Man trug ihm eine »Mission« auf und er musste schwören, dass er Selbstmord be-

„Tibetkenner" und Okkultist Karl Haushofer.

gehen würde, falls die Mission scheitern sollte. Die Verbindung zwischen Haushofer und den Gelbmützen führte dazu, dass sich in den zwanziger Jahren tibetische Gemeinden in Deutschland bildeten.
Überhaupt scheint Karl Haushofer neben Sebottendorff eine Art »graue Eminenz« der deutschen Geheimgesellschaften und des späteren dritten Reiches (zumindest bis 1941) gewesen zu sein. Der bekannte Münchner Professor ist auch als Schöpfer der »Geopolitik« bekannt und diente um die Jahrhundertwende als deutscher Militärattaché in Tokyo. Bereits dort verfügte er über Verbindungen zu einem japanischen Geheimorden. Haushofer hatte auch eine ansehnliche militärische Karriere hinter sich. Als General während des Ersten Weltkriegs waren ihm hohe Auszeichnungen verliehen worden, seine Soldaten bewunderten ihn um seiner Verdienste. Karl Haushofer wurde wahrscheinlich nicht zu unrecht als der »Größte Magier des deutschen Reiches« bezeichnet. Es wird ihm eine treffsichere »prophetische Gabe« nachgesagt, die ihm eine Verbindung zu den Geheimorden O.T.O. und dem »Hermetic Order of the Golden Dawn« einbrachte, in denen Aleister Crowley eine herausragende Rolle spielte. Das haben wir bereits gesehen. Übrigens diente der spätere Hitler-Stellvertreter Rudolf Hess, der Haushofer fast vergötterte, im Ersten Weltkrieg unter ihm und war später an der Universität in München einer seiner Studenten. Aber nun wieder zurück ins Café »Schopenhauer«!
Während des Treffens in Wien erhofften sich die übrigen Beteiligten vom anwesenden Prälaten Gernot wichtige Informationen über die geheimen Offenbarungstexte der Tempelritter. Prälat Gernot vertrat wie gesagt die »Erbengemeinschaft der Tempelritter«. Dabei handelt es sich um die Nachfahren der Templer von 1307, die ihre Geheimnisse über die Jahrhunderte vom Vater auf den Sohn übertragen haben. Prälat Gernot erzählte bei diesem Treffen in Wien vom baldigen Eintritt der Erde in ein neues Zeitalter – dem Wassermann-Zeitalter.

Ende September 1917 traf dann »Rudolf von Sebottendorff« am Untersberg bei Berchtesgaden (erinnern Sie sich an das Kapitel über die Zeit?) mit Angehörigen einer Geheimgesellschaft zusammen, die enge Verbindungen zur Erbengemeinschaft der Tempelritter pflegt: »Die Herren vom Schwarzen Stein«. Dieser Geheimorden, der oftmals nur unter seiner Abkürzung »DHvSS« genannt wird, ging 1221 aus der marcionischen Templergesellschaft hervor und hatte sich zum Ziel gesetzt, das Böse auf der Welt zu bekämpfen und das kommende Lichtreich Christi mit aufzubauen. Laut der Überlieferung geht die Gründung von »DHvSS« darauf zurück, dass im Jahre 1221 Ritter der marcionischen Templergesellschaft in Ettenberg am Fuße des Untersbergs eine Begegnung mit einem Wesen hatten, das sie als »Göttin« bezeichneten. Es handelte sich dabei um eine »magische« junge Frau mit sehr langen Haaren und relativ ungewöhnlicher Bekleidung. Diese »Göttin« – ich bezeichne sie mittlerweile als »Astronautin« – übergab den ziemlich perplexen Rittern drei Gegenstände, die sie behüten sollen, bis das Wassermann-Zeitalter anbricht. Dabei handelte es sich zum einen um »Ilua«, einen schwarzvioletten Kristall (schwarzer Stein) und zum anderen um einen magischen Spiegel sowie einen speziellen Dolch. Nach den Aussagen der »Göttin«, deren Name übrigens »Isais« ist, handelt es sich bei »Ilua« um einen Schlüsselkristall mit weiblicher Schwingung, der das Gegenstück zum sogenannten »Garil« (Gral) bildet, der eine männliche Schwingung aufweist. Isais übergab den Rittern auch noch die sogenannte »Isais-Offenbarung« und kündigte ihre Wiederkehr bei Anbruch des Wassermann-Zeitalters an. Ich beschäftige mich bereits seit vielen Jahren auch intensiv mit der Isais-Thematik und nach eingehenden Untersuchungen fiel mir auf, dass es bezüglich des modernen UFO-Phänomens einen Fall in der Schweiz gibt, bei dem es zum Kontakt eines Bauern mit einer

Billy Meier

jungen Frau aus einem UFO kam. Die Beschreibung jener Frau, die sich als »Semjase« vorstellte, passt genau auf die Beschreibung der »Göttin« Isais. Übrigens wird der Fall dieses Bauern, er heißt Billy Meier, in der UFO-Forschung kaum weiter beachtet, da Billy Meier allem Anschein nach damit begann, UFO-Fotos zu fälschen, nachdem sein Kontakt mit »Semjase« wieder abgerissen war.

»Rudolf von Sebottendorff« nahm also 1917 Kontakt mit der Gruppe »DH-vSS« auf und baute anschließend einen Kreis von Personen um sich auf, die dann 1918 den innersten Zirkel der neugegründeten Thule-Gesellschaft bildeten. Man versuchte wissenschaftliche Magie, Astrologie, Okkultismus und Templerwissen mit politischen Forderungen zu verbinden. Die wichtigsten Mitglieder der Thule-Gesellschaft waren zu dieser Zeit Rudolf von Sebottendorff, Guido von List, Jörg Lanz von Liebenfels, Adolf Hitler, Rudolf Hess, Hermann Göring, Heinrich Himmler, Alfred Rosenberg, Hans Frank, Julius Streicher, Karl Haushofer, Gottfried Feder, Dietrich Eckart, Bernhard Stempfle, Theo Morell, Franz Gürtner, Rudolf Steiner, Dr. W. O. Schumann und Trebitsch-Lincoln. Übrigens stammt der Name »Thule« von der skandinavischen Legende des »Ultima Thule«. Ultima Thule stellt darin ein wundervolles Land im hohen Norden dar, ein Land, in dem die Sonne niemals untergeht und die Vorfahren der arischen Rasse gelebt haben sollen.

Später zerbrach die Thule-Gesellschaft in zwei Teile. Zum einen entstand die Gruppe der mehr esoterisch orientierten Personen, zu der beispielsweise Rudolf Steiner zählte, zum anderen die Gruppe der sogenannten Exoteriker, deren Führung letztendlich Adolf Hitler übernahm. Später begann Hitler damit, Leute wie Rudolf Steiner und dessen Anhänger zu verfolgen.
Adolf Hitler kam im Oktober 1918 zur Thule-Gesellschaft und der ihr angeschlossenen »Deutschen Arbeiterpartei« (DAP), wo er als guter Redner auffiel. Hitler wurde darafhin als Wahlredner engagiert und erhielt von seinem Thule-Bruder Dietrich Eckart Unterweisungen für richtiges Schrei-

ben und Sprechen. Damit zog Eckart den ehrgeizigen Hitler zu dem heran, was er später als Machtpolitiker darstellte.
Dietrich Eckart wird sehr oft unterschätzt, was seinen Einfluss auf den jungen Hitler betrifft. Eckart war eine sehr ungewöhnliche Persönlichkeit. Er machte sich einen Namen als Dichter, als Verfasser von Dramen und als Journalist. Als er den »Redner« Adolf Hitler im Rahmen der Thule-Gesellschaft kennenlernte, entschloss er sich sehr schnell, dessen geistige Führung zu übernehmen. Kurz bevor Dietrich Eckart im Herbst des Jahres 1923 (!) starb, schickte er noch ein langes Manuskript an seinen Thule-Freund Karl Haushofer. An dieser Stelle sollte man sich sowohl das Jahr, als auch den Adressaten dieses Schreibens genau merken. Noch auf seinem Sterbebett machte Dietrich Eckart eine Aussage, die vielen Historikern bis heute Kopfzerbrechen bereitet, aber im Zusammenhang mit anderen Informationen – die ich später noch anführen werde – logisch ist. Dietrich Eckart sagte in seiner Todesstunde nämlich noch folgendes:

»Folgt Hitler! Er wird tanzen, aber die Musik zu seinem Tanz habe ich komponiert. WIR haben ihm die Mittel gegeben, mit IHNEN in Verbindung zu treten... Beklagt mich nicht: ich werde mehr Einfluss auf die Geschichte gehabt haben als jeder andere Deutsche...«

Wen meinte Eckart mit »WIR«? Die Thule-Gesellschaft? Und was heißt mit »IHNEN in Verbindung zu treten«? »Sie« scheinen ja offensichtlich sehr mächtig zu sein. Wer aber sind »SIE«? Eine Antwort darauf blieb Eckart logischerweise schuldig, denn er starb, nachdem er diese Worte ausgesprochen hatte.

Als Hitler dann 1924 infolge des fehlgeschlagenen Münchner Putsches im Landsberger Gefängnis einsaß, besuchte ihn Karl Haushofer täglich für mehrere Stunden, um dem späteren Diktator seine Theorien und Pläne weiterzugeben. Oder waren dies auch die Pläne Eckarts? Haushofer und sein »Schüler« Rudolf Hess übernahmen die politische Schulung Adolf Hitlers. Für das in dieser Zeit entstandene Buch »Mein Kampf«

sorgte Hess für die richtige Formulierung und übernahm die Arbeit an der Schreibmaschine. Im Jahr 1933 kam dann Hitler mit »seiner« NSDAP an die Macht in Deutschland – und damit auch die Thule-Gesellschaft. Hitlers weiterer Weg ist bekannt.

Im Umfeld der Thule-Gesellschaft entstanden aber noch andere »Orden«. Der bekannteste darunter war die »SS«, die auch der »Schwarze Orden« genannt wird. Was kaum jemand weiß, ist, dass die SS nach außen hin als eine brutale Polizeitruppe in Erscheinung trat, in ihrem innersten Kreis allerdings einen regelrecht »religiösen« Orden darstellte. Auf der einen Seite wurden die abscheulichsten Greueltaten begangen und auf der anderen Seite traf sich der innerste Kreis zu Meditationen. Nach außen hin stand die Abkürzung »SS« für „SchutzStaffel". Allerdings wussten es die eingeweihten »Ordensmitglieder« besser. Es gab nämlich innerhalb der SS eine weitere Geheimgesellschaft mit dem Namen »Schwarze Sonne«.

Diese Gruppe bestand aus dreizehn Personen: dem Reichsführer-SS Heinrich Himmler und zwölf ausgesuchten Obergruppenführern. Diese Gruppe nannte sich auch die »Schwarzen Ritter«. Als »Ordensburg« wählte man die Wewelsburg in Westfalen. In dieser Burg wurde im Kellergeschoss des Nordturms ein Raum ausgebaut, der Historikern noch heute Rätsel aufgibt. Die sogenannte »Walhalla« ist ein runder Saal, in dem um eine Aussparung in der Raummitte kreisförmig zwölf kleine Podeste stehen. Interessanterweise wurde dieser Raum direkt für die Zukunft gebaut. Heinrich Himmler, der sich sehr für das Okkulte inter-

SS-Chef Heinrich Himmler (links) mit seinem Stellvertreter Reinhard Heydrich.

essierte, war bestens mit dem sogenannten »Maya-Kalender« vertraut, der um das Jahr 2012 herum endete. Laut Lehre der Mayas werden zu jener Zeit dann dreizehn Kristallschädel wieder zusammengeführt und die Welt, wie wir sie kennen, hört auf zu existieren. Bemerkenswert: Dies ist in etwa auch die Phase, ab der die Zeitreisenden beim Montauk-Projekt eine Art »Wand« entdeckten, hinter der keine greifbare Realität mehr festzustellen war. Doch die Zerstörung des Montauk-Projekts 1983 hat offenbar alles verändert. Aufgrund der Maya-Überlieferung ließ Himmler überall auf der Welt, und natürlich ganz besonders in Mexiko, nach den Kristallschädeln suchen. Angeblich wurde er auch fündig. In der Wewelsburg richtete der SS-Führer eben jenen Raum mit den Podesten für die zwölf Kristallschädel (der dreizehnte Kristall sollte seinen Platz in der Mitte des Raumes finden) ein und behauptete, dass dieser Ort eines Tages das »Zentrum der Welt« darstellen würde. Wer die bereits von der SS gefundenen Kristallschädel nach dem Krieg besaß, ist nicht geklärt. Allerdings gibt es Gerüchte, dass Himmlers Sekretärin und Geliebte, Hedwig Potthast, nach dem Krieg der Kopf einer geheimen Untergrundorganisation war, die diese und andere Gegenstände sicherte.

Aber alle diese Dinge müssen in den Hintergrund treten, wenn man sich einen weiteren Geheimbund dieser Zeit ansieht, der wohl als die interessanteste Geheimgesellschaft aller Zeiten in die Geschichte eingehen wird. Denn letztendlich trägt diese Vereinigung – ungewollt – die Verantwortung für die größte Manipulation der Menschheitsgeschichte und damit verbunden auch indirekt für das Philadelphia-Experiment sowie das Montauk-Projekt. Ich meine die sogenannte »VRIL-Gesellschaft«. Über diese Gruppierung war bis 1993 so gut wie nichts bekannt. Erst Jan van Helsing brachte mit seinem ersten Buch »Geheimgesellschaften und ihre Macht im 20. Jahrhundert« die bis dahin verborgenen Informationen zu diesem Geheimbund an die breite Öffentlichkeit.

Die VRIL-Gesellschaft wurde 1919 von dem uns schon bekannten Karl Haushofer als zusätzlicher Orden gegründet. Zu Beginn nannte man sich noch »Brüder des Lichts«. Später nahm man nach außen hin den Namen »Alldeutsche Gesellschaft für Metaphysik« an. Eng in die VRIL-Gesellschaft eingebunden waren die bereits erwähnten »Herren vom Schwarzen Stein« sowie die »Schwarzen Ritter« von der SS-Elite »Schwarze Sonne«. Woher der Name »VRIL« stammte, ließ sich bis heute nicht restlos klären. Eine Version besagt, er habe mit dem Buch »The Coming Race« des Engländers Lord Bulwer-Lytton zu tun. In dieser Erzählung beschreibt der Autor eine hochentwickelte, unterirdisch lebende arische Rasse, die sogenannten »Vrilya«. Dieses Volk nutzt zur Energieversorgung eine geheimnisvolle und mächtige Naturkraft, das sogenannte »VRIL«. Andere Quellen wiederum behaupten, die VRIL-Gesellschaft bezog ihren Namen aus der Alchemie. In der alchemistischen Lehre spielt der Begriff »VITRIOL« eine zentrale Rolle. Die Kurzform von VITRIOL ist eben wieder das VRIL. Doch in der Alchemie erhält der Begriff VITRIOL eine doppelte Bedeutung. Zum einen ist das VITRIOL eine klar definierbare chemische Substanz, zum anderen aber ist es das Symbol für den eigentlichen Prozess der Transmutation selbst und dabei die Abkürzung für eine Formel, die auf das Erdinnere verweist. Demnach ist VITRIOL die Abkürzung für »Visita Interiora Terrae Rectificando Invenies Occultum Lapideum«, was soviel heißt wie »Suche das Untere der Erde auf, vervollkommne es, und Du wirst den verborgenen Stein finden«.

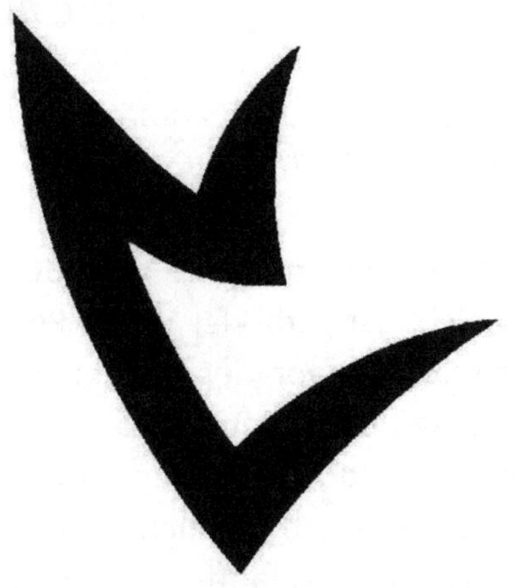

Der „Doppelblitz“, das Siegel der Vril-Gesellschaft.

14. Die Büchse der Pandora!

»Prüfet alles und behaltet das Beste«
(Brief an die Thessaloniker)

Wenn man nun die VRIL-Gesellschaft mit der Thule-Gesellschaft vergleicht, ist ganz klar deren Polarität erkennbar. Die VRIL-Gesellschaft befasste sich vorwiegend mit spirituellen Themen wie Jenseitsforschung, Magie und anderen esoterischen Aspekten. Die Thule-Gesellschaft wiederum widmete sich eher den materiellen und politischen Sachverhalten. Allerdings gab es auch zahlreiche Interessensüberlappungen – wie zum Beispiel die Atlantis-Forschung oder die Ergründung der Externsteine im Teutoburger Wald.

Nach der Überlieferung traf sich ein »innerster« Kreis von VRIL-, Thule- und DHvSS-Leuten im Dezember 1919 in einem eigens dafür angemieteten Forsthaus in der Ramsau bei Berchtesgaden. Eine der wichtigsten Personen dieser Zusammenkunft war das Medium Maria Orschitsch aus Zagreb.

Vril-Medium Maria Orschitsch

Bereits bei diesem Treffen war auch schon eine zweite mediale Dame beteiligt, deren Name – laut den bisherigen Veröffentlichungen zu diesem Thema – »Sigrun« gewesen sein soll. Aufgrund meiner Forschungen in diesem Themenbereich bin ich allerdings zur Überzeugung gelangt, dass der richtige Name dieses Mediums »Traute« war.

Maria Orschitsch hatte zwei Stapel beschriebener Papiere zu dieser Besprechung mitgebracht. Die Blätter des einen Stapels waren mit bizarr anmutenden Schriftzeichen gefüllt. Es handelte sich dabei um das Resultat einer medialen Durchgabe. Dabei fungiert der Schreiber letztendlich nur als eine Art Empfänger einer von außerhalb kommenden Botschaft. Und er gibt nur das wieder, was ihm der »Sender« übermittelt – zum Beispiel auch die Schriftart.

Vril-Medium Traute

Der andere Stapel Blätter war die Übersetzung dieser medialen Durchgaben in normal leserliche Schrift.

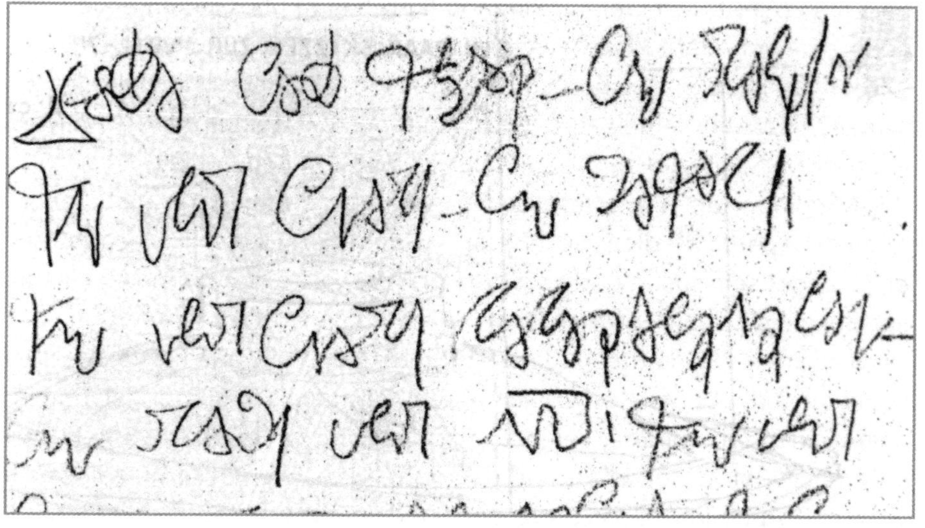

Medialschrift der „Vril-Damen".

Maria Orschitsch versuchte, die übermittelte Sprache zu identifizieren und vermutete, dass es sich um eine altorientalische Sprache handele. Diesbezüglich nahm sie Kontakt zum »Panbabylonischen Freundeskreis« auf, der auch Kontakte zur Thule-Gesellschaft pflegte. Hierbei stellte sich heraus, dass die medial übermittelte Sprache tatsächlich »Sumerisch« war, die Sprache der altbabylonischen Kulturgründer.

Nachdem man die Übersetzungen der medialen Botschaften studiert hatte, waren die Beteiligten verständlicherweise in hellem Aufruhr. Laut den Übermittlungen kamen die Informationen nämlich ANGEBLICH vom Sonnensystem Aldebaran, das 68 Lichtjahre von der Erde entfernt im Sternbild Stier zu finden ist. Laut den Angaben dieser »Aldebaraner« gibt es im dortigen Sonnensystem zwei bewohnte Planeten, die das Reich »Sumeran« bilden. Die Kulturstufen auf den beiden Planeten sollen sich aber so gegensätzlich entwickelt haben, dass sich dort ein »Herrenrassenplanet« und ein »Niederrassenplanet« entwickelt habe. Doch die Aldebaraner haben ein Problem. Durch die Expansion der Sonne Aldebaran machte die daraus resultierende Hitze die Planeten mit der Zeit unbewohnbar, weshalb man bereits seit vielen Millionen Jahren damit begonnen haben will, andere bewohnbare Planeten zu kolonisieren. Laut jener medialen Übermittlungen habe man schon vor langer Zeit die Planeten Maldek (der vor seiner Zerstörung seinen Platz zwischen Mars und Jupiter hatte) und Mars in unserem Sonnensystem besiedelt.
Die Mitglieder der VRIL-Gesellschaft glaubten, dass jene »Aldebaraner« demnach später, als die Erde langsam bewohnbar wurde, in Mesopotamien gelandet sein sollen und dort die Herrscherkaste der »Sumerer« installierten, die als helle Gottmenschen beschrieben wurden.
Es wurde den VRIL-Leuten indirekt mitgeteilt, dass die arische Rasse – und somit auch die Deutschen – Nachfahren der damals in Sumer gelandeten angeblichen Aldebaraner seien. Es wurde ferner ein direkter Kontakt zwischen der VRIL-Gesellschaft und den »Ahnen der Deutschen« in Aussicht gestellt – Auge in Auge! Zu diesem Zweck übermittelten die »Aldebaraner« praktischerweise auch gleich technische Angaben:

TECHNISCHE ANGABEN ZUM BAU EINER JENSEITSFLUGMASCHINE!

In der Ramsau war man begeistert. Die medial übermittelten Baupläne und technischen Angaben waren äußerst genau angegeben. Sogar einen exakten Zeitplan hatten die »Aldebaraner« schon ausgearbeitet. Fragen stellte man in der Aufregung und Euphorie keine. Einige Fragen wären zu diesem Zeitpunkt aber angebracht gewesen. Warum zum Beispiel konnten die angeblichen »Aldebaraner« Karl Haushofer und Gefolgschaft mit ihrer so fortgeschrittenen Technik nicht einfach selbst besuchen? Warum sollte die direkte Kontaktaufnahme von der Erde ausgehen? Entsprechen die medialen Durchgaben tatsächlich der Wahrheit?
In Wirklichkeit wurde keine dieser Fragen gestellt. Man war euphorisch und rannte blind in ein Abenteuer. Es gab ja nichts zu befürchten, schließlich kamen die medialen Durchsagen von unseren arischen Vorfahren. Und außerdem war man ja quasi »auserwählt« und neugierig. Ein gebauchpinseltes Ego und die »Gier nach Neuem«, diese beiden Faktoren sind wohl die besten Voraussetzungen dafür, geradewegs in eine Katastrophe zu steuern...

Im Sommer des Jahres 1922 wurde dann das Projekt »Jenseitsflugmaschine« in Angriff genommen. Der Begriff »Jenseitsflugmaschine« kommt von der Annahme, dass man mit Hilfe dieser Vorrichtung in eine Art »Hyperraum« gelangen kann, der es möglich werden lässt, in sehr kurzer Zeit große Entfernungen in der Raumzeit zu überwinden. Dieser »Hyperraum« wurde damals mit dem Begriff »Jenseits« beschrieben. Zu Beginn des Projekts wurde in einem kleinen Ort in der Nähe von München eine Scheune ausgebaut. Arbeiter hoben einen Teil des Bodens aus und dichteten Ritzen in den Bretterwänden ab. Daraufhin baute man noch einen zusätzlichen Schuppen an, um dort bald alle möglichen technisch anmutenden Einzelteile zu sammeln. Langsam wurde es ernst!

Die Jenseitsflugmaschine bestand aus einer Scheibe von acht Metern Durchmesser, über der sich eine parallel gelagerte Scheibe von 6,50 Metern

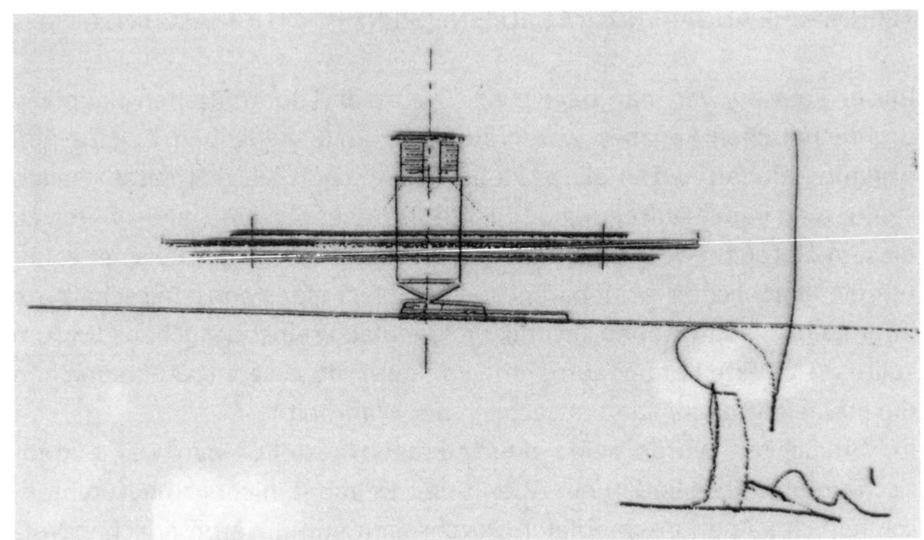

Skizze der „Jenseitsflugmaschine".

Durchmesser befand. Unter der ersten Scheibe lag dann noch einmal eine Scheibe von sieben Metern Durchmesser. Diese drei Scheiben wurden in der Mitte von einem 1,80 Meter messenden Loch durchbrochen, in dem das 2,40 Meter hohe Antriebsaggregat montiert war. Unten lief der Mittelkörper in einer kegelförmigen Spitze aus, von der aus ein in das Kellergeschoß reichendes riesiges Pendel für die Stabilisierung des Geräts sorgte.
Im aktivierten Zustand drehten sich die obere und die untere Scheibe in gegenläufiger Richtung, um zunächst ein elektromagnetisches Rotationsfeld aufzubauen. Das Kraftaggregat, der Antrieb der Jenseitsflugmaschine, wurde als eine besonders geartete Batterie geschildert. Vermutlich handelte es sich um einen hochenergetischen Spezialkondensator für kurzfristige höchstmögliche Energiespitzenwerte und diente als »Anlasser« für die drei Scheiben, die wohl gleichzeitig einen besonderen Elektromotor wie auch einen Elektrogenerator bildeten.

Im ersten Halbjahr 1923 begannen frühe Tests der Betriebsanordnung, die ohne größere Schwierigkeiten vonstatten gingen. Nach der exakten Zeit-

vorgabe der angeblichen »Aldebaraner« sollte der »Start« der Jenseitsflugmaschine genau am 12. August 1923 erfolgen. Kommt Ihnen, lieber Leser, dieses Datum vielleicht bekannt vor?
Nachdem die Anlage am 12. August 1923 »hochgefahren« worden war, führte man noch einige Monate lang weitere Experimente durch. Anfang 1924 wurde die Jenseitsflugmaschine dann demontiert und nach Augsburg gebracht, wo man sie angeblich bei den Messerschmitt-Werken einlagerte. Finanzierungshilfen für das Projekt »Jenseitsflugmaschine« tauchten unter dem Code »JFM« in den Buchhaltungen mehrerer deutscher Industriebetriebe auf.
In der Folge ging mit ziemlicher Sicherheit das sogenannte »VRIL-Triebwerk« aus der Technik der Jenseitsflugmaschine hervor.

Die Jenseitsflugmaschine sollte im Prinzip ein extrem starkes Feld um sich herum erzeugen, das den davon umschlossenen Raum mitsamt der Maschine und deren Insassen völlig unabhängig von der »Außenwelt« werden lässt. Bei maximaler Stärke wäre dieses Feld von allen ihn umgebenden universellen Kräften und Einflüssen wie zum Beispiel Gravitation, Elektromagnetismus, Strahlung sowie Materie aller Art völlig unabhängig. Dabei könnte sich diese Maschine innerhalb jedes Gravitations- und sonstigen Feldes bewegen, ohne dass in ihr irgendwelche Beschleunigungskräfte spürbar würden. Dr. W. O. Schumann, ein Thule- und VRIL-Mitglied, war zu diesem Zeitpunkt an der TH München tätig. Unter der Führung Schumanns wurde aus dem Prinzip der Jenseitsflugmaschine der sogenannte »VRIL-Antrieb« entwickelt. Im Jahre 1934 entstand dann das erste Experimental-Rundflugzeug »RFZ 1«, und damit das – wenn man so will – erste deutsche »UFO«.

Nachdem sich beim »RFZ 1« große Probleme mit der Steuerung eingestellt hatten, folgten umfangreiche Veränderungen, was zur Fertigstellung des sogenannten »RFZ 2« noch vor Ende 1934 führte. Das »RFZ 2« war mit einem funktionierenden VRIL-Antrieb und einer »Magnetimpulssteuerung« ausgestattet. Der Einsitzer besaß einen Durchmesser von fünf Metern. Dieses »RFZ 2« wurde später im Zweiten Weltkrieg als Fernaufklärer über England sowie dem Südatlantik eingesetzt und sogar vom Feind photographiert. Aufgrund des Erfolges des »RFZ 2« wurde die Abteilung »antriebstechnische Werkstätten« der VRIL-Gesellschaft damit beauftragt, noch bessere und größere Rundflugzeuge zu bauen. In der Folge entstand die leichtbewaffnete Flugscheibe »Vril-1-Jäger«. Von diesem Typ wurden 17 Stück gebaut. Außerdem gab es auch mehrere zweisitzige, mit einer Glaskuppel ausgestattete Varianten.

In der Zeit um 1941/1942 gestaltete sich die Lage für die VRIL-Gesellschaft aufgrund der politischen Situation äußerst schwierig, da der von der Thule-Gesellschaft aufgebaute Adolf Hitler sich zunehmend »verselbständigte« und nicht mehr auf seinen Mentor Karl Haushofer hörte. Hitler ignorierte die Weisungen der Thule-Gesellschaft und verbot den »inneren Kreis« der VRIL-Gesellschaft als »okkulte« Vereinigung. Der für die Flugscheiben-Technologie verantwortliche Teil der VRIL-Gesellschaft konnte unter dem Namen »antriebstechnische Werkstätten« weiterexistieren. Es gibt sogar Hinweise darauf, dass das VRIL-Medium Maria Orschitsch im Jahre 1942 heimtückisch ermordet wurde. Das VRIL-Medium Traute soll daraufhin von Heinrich Himmler ohne Hitlers Wissen auf der Wewelsburg in eine Art »Schutzhaft« genommen worden sein. Von da an operierte die »verbotene« VRIL-Gesellschaft verdeckt und im Geheimen weiter. Es gab noch immer gute Verbindungen zu hohen Offizieren der Wehrmacht und nicht zuletzt zum damaligen deutschen Geheimdienst-Chef Admiral Canaris. Mit Hilfe dieser Verbindungen entsprang nach dem Krieg aus der VRIL-Gesellschaft die Geheimorganisation »Kette«.

Übrigens baute auch die SS – basierend auf der Arbeit der VRIL-Gesellschaft – ab 1938 ihre eigenen Rundflugzeuge. Diese Arbeit führte schließlich zu einer fliegenden Scheibe, die als »RFZ 4« bekannt war. Bis zum Jahr 1939 hatte die SS aus ihren Fehlern beim Flugscheibenbau gelernt und verfeinerte das »RFZ 4«. Man entwickelte eine Langstreckenflugscheibe, die etwa zwanzig Meter lang und anfänglich als »RFZ 5« bekannt war.

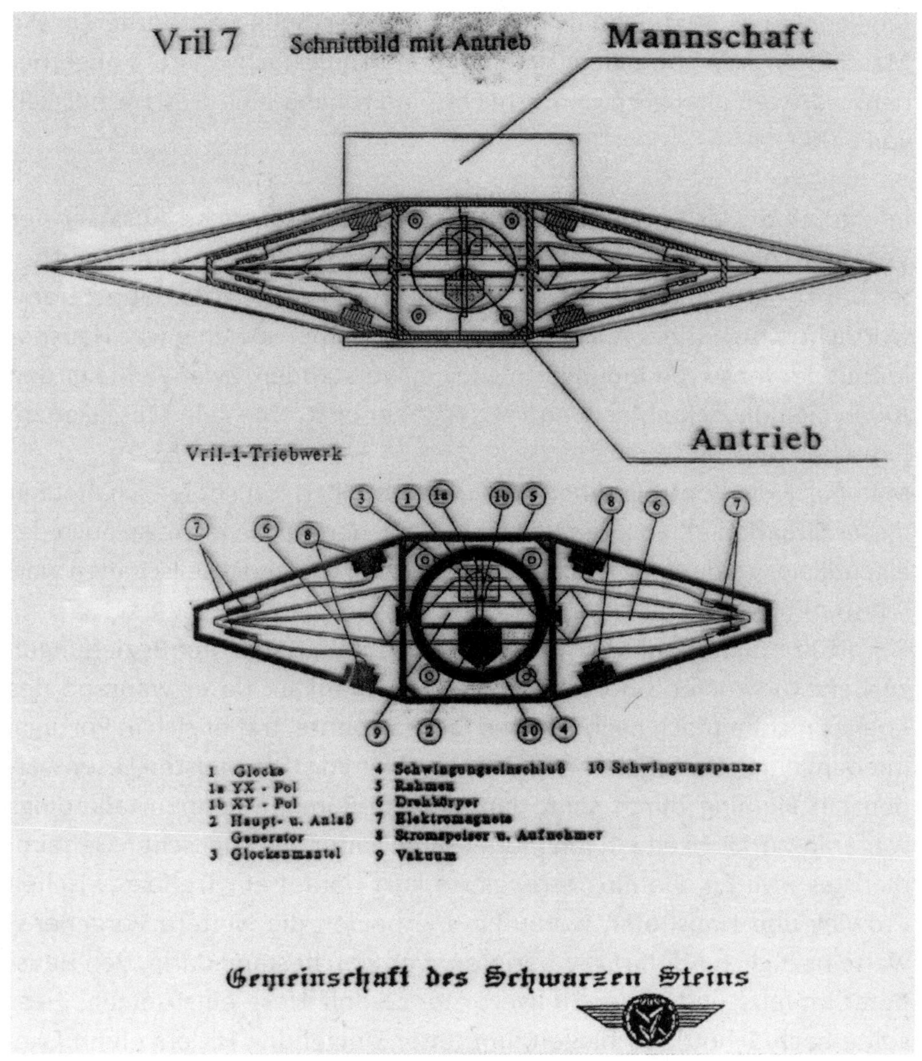

Konstruktionserklärung der Flugscheibe „Vril 7".

Diesem Typ wurde nachfolgend der Name »Haunebu« oder »Haunebu I« gegeben. Ende 1942 war dann auch das »Haunebu II« ausgereift. Der Durchmesser variierte von 26 bis 32 Meter, während die Höhe dieser Flugscheibe etwa neun bis elf Meter erreichte. Nach den vorliegenden Berichten konnte das »Haunebu II« bis zu zwanzig Personen transportieren. Die Maschine wurde von einem sogenannten »Thule-Tachyonator« angetrieben, war weltalltauglich und erreichte in Erdnähe eine Geschwindigkeit von 6.000 km/h.

Infolge all dieser Entwicklungen geriet der ursprüngliche Auslöser der Vorgänge, die Jenseitsflugmaschine, in Vergessenheit. Und Karl Haushofer selbst hatte andere Sorgen. Schließlich sah er sich als Hauptverantwortlichen für Hitlers Aufstieg zum Diktator. Ebensowenig war Haushofer mit der massiven Judenverfolgung einverstanden. Zwar wollte er den Juden die politische Macht entreissen, aber er strebte kein Massaker am jüdischen Volk an.
Man hatte die Kontrolle über Hitler verloren. Karl Haushofer schaltete in dieser Situation einen alten Bekannten ein, der möglicherweise auch der eigentliche, verborgene Lenker der deutschen Geheimgesellschaften war: Aleister Crowley.
Für die Kontaktaufnahme mit Crowley benutzte Haushofer Beziehungen zu Geheimdiensten und erhielt Pässe des Vatikan. Da er während des Krieges nicht einfach nach England fahren konnte, traf er sich in Portugal mit dem englischen Geheimagenten Ian Fleming. Die meisten Leser werden Ian Fleming durch seine James-Bond-Romane kennen, allerdings war er in Wirklichkeit ein ranghoher Mitarbeiter des englischen Geheimdienstes »MI 6«. Fleming arrangierte kurz darauf ein Treffen zwischen Crowley und Haushofer, woraufhin die beiden die weitere Vorgehensweise bezüglich Adolf Hitler berieten. Der Plan bestand darin, den Haushofer-Intimus und Hitler-Stellvertreter Rudolf Hess einzusetzen. Hess sollte nach Schottland fliegen, um unter Umgehung Hitlers einen Frieden mit England auszuhandeln. Crowley ließ Hess einige Informationen mit Hilfe okkulter Signale übermitteln. Daraufhin führte Rudolf Hess seinen Auftrag aus, vollbrachte eine unglaubliche fliegerische Leistung und sprang über Schottland mit seinem Fallschirm ab. Im Norden Großbritanniens angekommen, nahm er Kontakt zum Herzog von Hamilton auf, den er aus früheren Tagen kannte. Hess versuchte, einen Frieden zwi-

schen Deutschland und England auszuhandeln. Churchill weigerte sich hingegen, Hess zu treffen, womit dessen Auftrag gescheitert und sein Schicksal besiegelt war. Das Interessanteste dabei ist aber, dass Crowley als O.T.O. - Spitzenmann sicher den Einfluss gehabt hätte, das Verhalten Churchills zu ändern. War Crowley gegenüber seinem O.T.O.- und Golden Dawn – Freund Haushofer nicht aufrichtig? Sollte Deutschland ins Verderben rennen und die VRIL-Gesellschaft dabei geopfert werden? Haushofer musste glauben, Crowley hätte wirklich alles versucht, um einen Frieden zwischen Deutschland und England herbeizuführen. Aber dieser Schein hatte offensichtlich getrogen.
Hitler kochte aufgrund des »Verrats« durch Rudolf Hess vor Wut. Sicherlich hatte er auch eine Vorstellung davon, welcherlei Kräfte sich hinter dieser Aktion verbargen und ließ aus Furcht sofort sämtliche Astrologen und okkulte Vereinigungen verbieten. Wie schon beschrieben, war davon auch die VRIL-Gesellschaft betroffen. Nach diesen Vorkommnissen zeigte sich Haushofers Einfluss zwar als geschwächt, nicht aber als vollständig beseitigt. Haushofer plante aufgrund jener Entwicklung, Hitler umbringen zu lassen. Er arbeitete auf einen Anschlag hin, bei dem sein Sohn, Albrecht Haushofer, ebenfalls beteiligt sein sollte. Das Attentat misslang, und Albrecht Haushofer wurde zum Tode verurteilt.

Über Albrecht Haushofer werden wir später noch etwas Wichtiges erfahren, denn möglicherweise war er vor dem Attentat auf Hitler von seinem Vater über alle Vorgänge aufgeklärt worden, die zu der damaligen Situation geführt hatten. Denn mit dem Bau der Jenseitsflugmaschine hatte man unvorsichtigerweise ein Tor geöffnet, durch das die Vorhut einer außerirdischen Macht Zugang zu unserem Sonnensystem und dem Planeten Erde erhielt. Die Büchse der Pandora war geöffnet!

15. Ein kosmisches »Trojanisches Pferd«

»Die ich rief, die Geister, werd' ich nun nicht los«
(aus Goethes »Der Zauberlehrling«)

Seit sehr langer Zeit gibt es ein Wort, das die Historiker aufschrecken lässt, sobald sie die phönizische und assyrisch-babylonische Geschichtsschreibung aufrollen. Es handelt sich dabei um den Namen des glänzendsten Planeten am Sternenhimmel: Venus. Mit großer Sorgfalt vermeiden die Verfasser und Exegeten der Bibel diesen Namen. Aber Warum? Der Grund hierfür ist, dass dieses Wort zu sehr mit den »Engeln« verknüpft ist und den Schlüssel für die wahre Entstehung der Menschheit in sich trägt.

Jene Wesen, die vor 5.000 Jahren von der Menschheit als Götter verehrt wurden, waren Fremde aus dem All. Sie waren sterblich und sie waren die Zivilisatoren unserer Ahnen. Natürlich entspricht das nicht dem, was in unseren Schulen gelehrt wird. Das die Venus die Heimat der »Götter« war, erklärt sich aus der Tatsache, dass sich dieser besonders glänzende »Stern« erst vor 5.000 Jahren zwischen Erde und Merkur schob. Vorher war er nicht Teil unseres sichtbaren Universums. Die Geschichte Kleinasiens wird von Venus regiert, mit der die wichtigsten Götter identifiziert werden: Baal, Astarte, Istar, Marduk, Bel oder Assur. Die drei Kulturen des amerikanischen Kontinents – das Flachland im Norden, Peru und Mexiko-Yucatan – stehen unter demselben »Stern«. Ihre Götter sind: Morgenstern oder »großer Stern«, Orejona, Viracocha, Quetzalcoatl und Kukulkan. Man kann also feststellen, dass alle Kulturen der Erde – außer der Ägyptischen – nach dem Jahr 3.000 vor Christus die Zeichen der Venus trugen. Sie wurden von Zivilisatoren oder zu Göttern erhobenen Humanoiden besucht, von denen behauptet wird, dass sie mit Flugkörpern von der Venus auf unsere Erde kamen. Es gibt einen auch heute noch sichtbaren Anhaltspunkt dafür, dass die Venus »anders« ist: Die Rotation des Planeten ist im Vergleich zu anderen Planeten unseres Sonnensystems gegenläufig. Damit ist gemeint, dass auf der Venusoberfläche die Sonne im Westen auf- und im Osten untergeht. Bei fast allen anderen Planeten in unserem Sonnensystem verhält es sich genau umgekehrt.

An dieser Stelle ist es wichtig festzustellen, dass es »da draußen« zwei große kosmische Mächte gibt, die sich gegenüberstehen. Nennen wir diese Mächte der Einfachheit halber einmal „Die galaktische Konföderation" und „Die Imperiale Allianz". Bei der galaktischen Konföderation handelt es sich eigentlich um den sogenannten Andromedanischen Rat. In diesem Rat, dessen Leitung eine Gruppe aus der Andromeda-Galaxie innehat, sind viele bewohnte Sternensysteme vertreten, die es bewerkstelligt haben, auf eine Stufe von friedlichem Miteinander und Harmonie zu gelangen. Die Schaffung dieses Rates wurde notwendig, da eine Gruppe, die auch Die imperiale Allianz genannt wird, Krieg und Verderben förderte und noch immer fördert. Die federführende Macht hinter dieser imperialen Allianz sind die sogenannten Drakonier. Sie sind gleichfalls die Kraft hinter der Unterdrückung der menschlichen Bevölkerungen in unserer Galaxie. Überall, wo sie erscheinen, versuchen sie auf Angst gegründete Glaubenssysteme und beschränkende Hierarchien zu installieren. Bei den Drakoniern handelt es sich um eine reptilische Rasse, die ihren Anspruch auf Dominanz in unserer Galaxie mit großer Aggressivität darstellt. Die Bereiche der Galaxie, die am dichtesten von drakonischen Unterrassen bevölkert werden, sind das riesige Orion-System und die Systeme in Rigel und Capella. Aber Orion ist ohne Zweifel ihr Hauptstützpunkt. Die Drakonier glauben, dass diejenigen, denen es ihrer Meinung nach nicht so gut wie ihnen selbst geht, zu Sklaven bestimmt seien.

Doch was hat das alles mit dem aktuellen Geschehen auf der Erde zu tun? Um diese Frage zu beantworten, muss man wissen, dass die Erde ein Sammelbecken verschiedener genetischer Einflüsse ist. Wenn man so will, ist und war die Erde ein abgeschirmtes Versuchslabor des Andromedanischen Rates, um die Entwicklung des Lebens und der Zivilisationen ohne Beeinflussung von außen zu überwachen. Übertrieben könnte man sagen, ein kosmisches Gehege ohne Besucher. Die Erde wurde zum absoluten kosmischen Sperrgebiet. Auch die Mannschaften, die zur Überwachung und Kontrolle der Erde abkommandiert worden waren, mussten strenge Auflagen und Verhaltensrichtlinien befolgen. Und so kam es, dass vor etwa 5.000 Jahren ein präparierter Planetoid zwischen die Umlaufbahnen von Merkur und Erde geschoben wurde, um als Zwischenbasis zur Erde genutzt zu werden. Auf diesem Stützpunkt, den wir heute Venus nennen, waren einige hundert Mann als Personal stationiert. Auf der Erde wiederum wurden eigene Kontrollstationen eingerichtet, mit der Aufgabe, alle Entwicklungen auf dem Planeten zu überwachen und zu protokollieren. Auch diese Stationen sind mit Andromedanern besetzt. Die Standorte dieser Basen sind die Antarktis, die Anden in Südamerika, der Himalaja, Alaska und Südafrika. In Südafrika befinden sich sogar zwei dieser Überwachungsstationen: eine in der Karoo-Wüste, die zweite innerhalb der Drakensberge. Außerdem existiert noch je eine Unterwasserbasis im Pazifik, im Atlantik und im indischen Ozean.

Kurz nachdem die Venus als Zwischenbasis installiert war, kam es dann zu jener unheilvollen Entwicklung, die letztendlich zum Auslöser für die ultimative entwicklungsgeschichtliche Katastrophe auf der Erde wurde. Nachdem es eine »Wachablösung« auf den irdischen Kontrollstationen gab, hatte ein junger äußerst einflussreicher Offizier der Andromedaner die Leitung des »Experiments Erde« übernommen. Leider handelte es sich bei jenem Offizier um einen relativ eigensinnigen und egoistischen Mann, der die zum Teil nicht besonders gute Stimmung der Mannschaft dazu nutzte, seine Macht auf der Erde zur Missachtung der vom Andromedanischen Rat verhängten Verhaltensregeln zu nutzen. Vor allem eines vermochte er nicht unter Kontrolle zu bringen: seinen sexuellen Trieb. Und so brach er das oberste Gesetz der abkommandierten Überwachungstruppen: Keinerlei sexuelle Kontakte mit den Erdbewohnern, da dadurch das gesamte Experiment scheitern könnte.
In den apokryphen Texten zur Bibel kann man diesen Vorfall im »Äthiopischen Buch Henoch« genau nachlesen. Der Name dieses leitenden Offiziers ist dort übrigens »Asasel«. Im Originaltext heißt es:

Nachdem die Menschenkinder sich gemehrt hatten, wurden Ihnen in jenen Tagen schöne und liebliche Töchter geboren. Als aber die Engel, die Himmelssöhne sie sahen, gelüstete es sie nach ihnen, und sie sprachen untereinander: Wohlan, wir wollen uns Weiber unter den Menschentöchtern wählen und uns Kinder zeugen. Ihr Oberster aber sprach zu ihnen: Ich fürchte, ihr werdet wohl diese Tat nicht ausführen wollen, so dass ich allein eine große Sünde zu büßen haben werde. Da antworteten ihm alle und sprachen: Wir wollen alle einen Eid schwören und durch Verwünschungen uns untereinander verpflichten, diesen Plan nicht aufzugeben, sondern dies beabsichtigte Werk auszuführen. Da schworen alle zusammen und verpflichteten sich untereinander durch Verwünschungen dazu. Es waren ihrer im Ganzen 200, die in den Tagen Jareds auf den Gipfel des Berges Hermon herabstiegen....
...sie nahmen sich Weiber, jeder von ihnen wählte sich eine aus, und sie begannen zu ihnen hineinzugehen und sich an ihnen zu verunreinigen...

Um dies in verständlichere Worte zu kleiden, eine kurze Erklärung des Textes: Der leitende Offizier »Asasel« brachte seine Mannschaft dazu, einen gegenseitigen Treueeid bezüglich des geplanten Gesetzesbruchs abzulegen – wenn man so will, die erste große »Verschwörung« in der irdischen Geschichte. Es wird in diesem Text sogar die Anzahl der Verschwörer genannt: 200! Natürlich entdeckten die anderen leitenden Offiziere, die sich auf der Zwischenbasis Venus aufhielten, sehr schnell was passiert war. Die absolut loyalen Mittelsmänner des Andromedanischen Rates gaben die Nachricht über die Verfehlungen des Offiziers Asasel und seiner Leute sofort direkt an den Rat weiter. Der war natürlich entsetzt über die Geschehnisse auf der Erde. Man legte fest, dass man die Nachkommen, welche die Verschwörer mit den Menschenfrauen zeugten, eliminieren musste, damit die Entwicklung der Kultur auf der Erde dadurch nicht beeinträchtigt wird. Die Verschwörer selbst wurden damit bestraft, dass es für sie keine Wiederkehr gab. Sie mussten für alle Zeiten auf der Erde bleiben. Außerdem mussten sie sich verbergen, da sie sonst ebenso eliminiert würden.

Im Originaltext des Buches Henoch werden diese Vorkommnisse so beschrieben:

Da blickten Michael, Uriel, Raphael und Gabriel vom Himmel und sahen das viele Blut, das auf Erden vergossen wurde, und all das Unrecht, das auf Erden geschah. Sie sprachen untereinander: Von der Stimme ihres und der Menschen Geschrei hallt die menschenleere Erde bis zu den Pforten des Himmels wider. Die Seelen der Menschen klagen, indem sie sprechen: Bringt unsere Streitsache vor den Höchsten! Da sprachen sie, die Erzengel, zum Herrn: ... ...Du hast gesehen, was Asasel getan hat, wie er allerlei Ungerechtigkeit auf Erden gelehrt und die himmlischen Geheimnisse der Urzeit geoffenbart hat... ...Du siehst dies und lassest sie gewähren und sagst uns nicht, was wir deswegen mit ihnen tun sollen. Darauf sprach der Höchste, und der große Heilige ergriff das Wort und sandte Uriel zu dem Sohne Lamechs und sprach zu ihm: Sage ihm in meinem Namen:Verbirg Dich!

Natürlich bemerkten die Verschwörer relativ schnell, dass ihre Taten aufgeflogen waren. Es kam danach noch zu militärischen Auseinandersetzungen zwischen den Konspiratoren auf der Erde sowie den andromedanischen Truppen auf der Venus. Über die dabei entstandenen »Himmelskämpfe« kann man noch heute in den altindischen Epen wie zum Beispiel dem Ramayana-Epos nachlesen. Dort wird von vernichtenden Schlachten mit modern anmutenden Waffen und Flugmaschinen berichtet. Die Kriegsparteien werden als »Götter« und »Dämonen« außerirdischer Herkunft beschrieben. Wahrscheinlich setzten die Andromedaner bei der Jagd nach den Verschwörern sogar große Raumstationen in Erdnähe ein. Es ist auch kein Wunder, dass sich diese Schlachten im indischen Raum und im Himalajagebiet abspielten, da sich Asasel und die wenigen anderen Überlebenden seiner Mannschaft in der andromedanischen Überwachungsstation im Himalaja versteckten. Sie war als quasi uneinnehmbares Versteck festungsähnlich ausgebaut. Nach den kriegerischen Auseinandersetzungen waren die meisten der Verschwörer tot. Da die Andromedaner von der Uneinnehmbarkeit der Himalaja-Basis wussten, gab man sie auf und überließ Asasel seinem Schicksal: Die Verbannung auf dem Planeten Erde!

Doch Asasel begann damit, sich über die Jahrtausende (die Lebenserwartung der Andromedaner ist immens hoch) ein verborgenes Netz der Macht aufzubauen, das den gesamten Planeten überspannte. Von seiner Himalaja-Basis aus zieht er bis zum heutigen Tage seine unsichtbaren Fäden in der Welt. Allerdings kamen bei den Erdbewohnern schon früh Gerüchte über einen »König der Welt« auf, der im Himalajagebiet nahe Tibet in einer geheimen unterirdischen Welt mit dem Namen »Shambala« leben soll. Angeblich kam dieser geheime Weltherrscher von der Venus, und die Hauptstadt seiner unterirdischen Welt hätte den Namen »Agharti«.
Asasel verstand es über die Jahrtausende hinweg sehr gut, sich einen geheimnisvollen Ruf als »zukünftiger Retter der Menschheit« und »Richter des jüngsten Tages« zuzulegen. Die Legende von Agharti wurde sogar in Ray Palmers Magazin »Amazing Stories« in der Ausgabe vom Mai 1946 behandelt, unter dem Titel: Der König der Welt? – Gibt es eine unterirdische Stadt namens Agharti, welche von einem Venusier regiert wird auf dem all unsere Zukunftshoffnungen ruhen?

In Wirklichkeit hatte sich der Charakter des ehemaligen andromedanischen Offiziers aber nicht verändert. Auch scheint es, als seien die Überwachungsgeräte der Himalajabasis noch immer intakt. Im Jahre 1928 begegnete der russische Forscher Constantine Nicholas Roerich in Tibets Hauptstadt Lhasa einem Lama namens Tsa-Rinpoche, der Roerich unter anderem folgendes verriet:

Wie ein Diamant erstrahlt das Licht auf dem Turm von Shambala. Er ist dort – der König der Welt, unermüdlich wacht er über die Menschheit. Seine Augen schließen sich nie. Und in seinem magischen Spiegel sieht er alle Ereignisse auf Erden.

THE KING OF THE WORLD?

Is there an underground cave city called Agharti ruled by a Venusian who holds our future hopes?

ALL through the world today are thousands of people who claim to have knowledge of an underground city, not specifically located although generally assumed to be in Tibet, called Agharti, or Shambala. In this city, they say, is a highly developed civilization ruled by an "Elder" or a "Great One" whose title is among others "The King of the World." Some claim to have seen him, and it is also claimed that he made at least one visit to the surface. It is also claimed that when Mankind is ready for the benefits he can bring, he will emerge and establish a new civilization of peace and plenty.

To quote the words of a "witness": "He came here ages ago from the planet Venus to be the instructor and guide of our then just dawning humanity. Though he is thousands of years old, his appearance is that of an exceptionally well-developed and handsome youth of about sixteen. But there is nothing juvenile about the light of infinite love, wisdom and power that shines from his eyes. He is slightly larger than the average man, but there are no radical differences in race."

Apparently the ruler of Agharti is a man; apparently he possesses great power and science, including atomic energy machines. Apparently also he is dedicated to bring to us great benefits. Apparently he has power to end warfare on the surface at will. We, the people of Earth, ask: What man can judge another? Wars must end now! Judge not, Great One, lest you be judged. For we ARE ready for peace!

Die Legende von Agharti wurde sogar in Ray Palmers Magazin »Amazing Stories« in der Ausgabe vom Mai 1946 behandelt, unter dem Titel »Der König der Welt? – Gibt es eine unterirdische Stadt namens Agharti, welche von einem Venusier regiert wird auf dem all unsere Zukunftshoffnungen ruhen?«. (Quelle: Alec Maclellan)

Asasel begann eines Tages damit, schwarze Magie zu praktizieren und baute von Tibet aus ein Netzwerk schwarzmagischer Mönche auf, welche die sogenannte Bön-Religion praktizierten.
Deren Begründer ist bei den Tibetern als »Shenrab« bekannt. Der alten Überlieferung zufolge kam Shenrab vor langer Zeit an einem aufgerollten Seil vom »Himmel« herab. Angeblich durchquerte er eine brennende Wüste, um die Bön-Religion nach Tibet zu bringen, und unterrichtete in der Gegend des Mount Kailash, bevor er wieder nach Hause zurückkehrte. Zu den Verehrern der Bön-Religion gehört auch der buddhistische »Gelbmützen-Orden«, aus dessen Reihen auch der Dalai Lama stammt. In der westlichen Welt ist es heute modern, den tibetischen Buddhismus zu verehren und auf das schlimme Schicksal des im Asyl lebenden Dalai Lama hinzuweisen. Dies hat im Grunde auch seine Richtigkeit, allerdings fehlt den meisten der Einblick, was im tibetischen Buddhismus und der damit verbundenen Kalachakra-Doktrin tatsächlich gelehrt wird.
Nach außen hin verehrt man beim Kalachakra – was soviel heißt wie »Rad der Zeit« oder »Rad der Göttin« – die Frau als Göttin. Allerdings erweist sich dies mehr als Schein denn als Sein. Die Frau wird nämlich in der Kalachakra-Doktrin zur Göttin erhoben, um die so entstandene Göttin dann mit Nägeln zu kreuzigen und sie zu zähmen!

Überrascht? Wäre es für einige Leute nicht an der Zeit, den tibetischen Buddhismus etwas zu hinterfragen, bevor man blind dem Dalai Lama nachläuft? Tatsache ist, dass der tibetische Buddhismus in Wirklichkeit auf einem patriarchalischem System basiert, das Seinesgleichen sucht.

Bezüglich des Dalai Lama wird in der westlichen Welt auch oft angenommen, dass er der wirkliche Herrscher über die tibetische Bevölkerung sei. Diese Annahme ist ebenfalls nicht korrekt. Eigentlich erweist sich der Dalai Lama nur als ein symbolischer Führer des tibetischen Volkes. Schon in der Zeit, bis der Dalai Lama erwachsen ist, wird das Land von einem besonders ausgewählten Regenten geführt. Der Name dieser »grauen Eminenz« ist bis heute ein Geheimnis. Allem Anschein nach wird diese Person auch

nicht vom »herrschenden« Dalai Lama ausgewählt, sondern von einem »Orakel«. Man kann getrost davon ausgehen, dass sich der »König der Welt« hinter all dem verbirgt, gibt es doch einige Hinweise darauf, dass diese graue Eminenz die Kontrolle weiterhin behält, selbst wenn der Dalai Lama in das Erwachsenenalter eintritt.
Asasel hat es sich zwar auf der Erde sehr bequem eingerichtet, doch ist er auf ein einziges großes Ziel fixiert, das man schon von dem im Roman auf einer einsamen Insel gestrandeten Robinson Crusoe kennt: Nichts wie weg hier! Doch wie soll das gehen? Auch für den ehemaligen Andromedaner Asasel überraschend, kam es nach fast 5.000 Jahren zu einer unvorhersehbaren Entwicklung.

Wie ich bereits im Abschnitt über L. Ron Hubbard erwähnt habe, fand dieser ja heraus, dass die Markabianer bei Ihrer Suche nach einer neuen Heimat auf unser Sonnensystem gestoßen waren. Das ereignete sich allem Anschein nach im 19. Jahrhundert, gerechnet nach Erdzeit. Ein Grund für die markabianische Erdfixierung dürfte nach den Forschungsergebnissen von Hubbard sein, dass auch auf Markab ein ehemaliger Andromedaner eine hohe Position einnahm. Der Name dieses Individuums wurde mit »Xenu« angegeben. Xenu war einst ein hochrangiges Mitglied des Andromedanischen Rates. Als er seine Macht dazu missbrauchte, auf verschiedenen Planeten Massenhinrichtungen durchzuführen, wurde er sofort all seiner Ämter enthoben und ins Gefängnis gebracht. Allerdings gelang ihm die Flucht und er wurde als Asylant in der »markabianischen Konföderation« im Pegasus-System aufgenommen. Wichtig zu wissen ist dabei, dass die Markabianer enge Verbündete der Drakonier der Imperialen Allianz sind. Xenu nutzte sein Asyl auf Markab, um dort ebenfalls eine hohe Machtposition einzunehmen, allerdings auf bedeutend geringerer Ebene als früher bei den Andromedanern. Xenu ist das Musterbeispiel eines Überläufers.
Als die Markabianer unser Sonnensystem für die Wahl ihrer neuen Heimat auswählten, sah man sich plötzlich mit zwei Problemen konfrontiert. Das erste Problem bestand in einer Sonnensystem-Abwehranlage, die vom Mars aus gesteuert wurde und durch welche die markabianischen Raum-

schiffe nicht auf Planeten unseres Sonnensystems landen konnten. Das zweite, vielleicht sogar etwas größere Problem war, dass man den freien Willen der Erdbevölkerung respektieren müsse. Es gibt nämlich ein kosmisches Gesetz des »freien Willens«. Das heißt, dass jede Zivilisation und jeder Planet, der nicht der Galaktischen Konföderation oder der Imperialen Allianz angehört, von keiner der beiden Seiten zu Zwangsentscheidungen geführt werden darf. Da die Erde zwar von der Konföderation geschützt wird, jedoch kein Mitglied dieser Vereinigung ist, kann sich die Erdbevölkerung entscheiden, entweder einmal den »freien« Mitgliedern der Konföderation oder aber der diktatorischen Imperialen Allianz von Drakoniern und Markabianern beizutreten. Sollte nun eine der beiden Vereinigungen den freien Willen eines noch neutralen Planeten durch eine militärische Invasion brechen, würde dies dazu führen, dass auch die andere Koalition in den Konflikt eingreift.
Einen solchen Konflikt aber können die Markabianer auf der Erde keinesfalls gebrauchen. Immerhin könnte die Folge sein, dass das ersehnte neue Zuhause bereits komplett zerstört wäre, noch bevor der neue Besitzer überhaupt dort einzieht. Die Markabianer mussten sich eine Strategie zurechtlegen, bei der zum einen der freie Wille der Erdbevölkerung nicht verletzt würde und zum anderen die Sonnensystem-Abwehranlage unschädlich gemacht wird. Einer der Chefstrategen, der ehemals hochrangige Andromeda-Überläufer Xenu, hatte dann schließlich die entscheidende Idee. Natürlich wusste er von der vor 5.000 Jahren auf der Erde stattgefundenen Verschwörung von Asasel und seinen Leuten. Darüber hinaus wusste er auch, dass sich Asasel noch heute auf der Erde, in der ehemaligen andromedanischen Überwachungsstation im Himalaja versteckt hielt. Mit Hilfe der Telepathie versuchte die markabianische Seite nunmehr, Kontakt zu Asasel herzustellen, was schließlich auch gelang.
Für den auf der Erde Verbannten war diese Kontaktaufnahme wohl eine ähnlich aufregende Angelegenheit, wie das rettende Schiff, das Robinson Crusoe bereits am Horizont wahrnehmen konnte. Asasel wurde ein markabianischer Plan zur Übernahme der Erde übermittelt. Dabei sollte eine Art kosmisches »Trojanisches Pferd« eingesetzt werden, um mit

Hilfe des freien Willens der Erdenmenschen ein erstes markabianisches Vorauskommando auf der Erde zu stationieren. Der zweite Schritt des Planes sah vor, einen größeren Raum-Zeit-Riss zu verursachen, durch den dann eine große Zahl markabianischer Einheiten in unser Sonnensystem eindringen könnte. Gleichzeitig musste aber auch die Sonnensystem-Abwehranlage ausgeschaltet werden. Asasel teilte den Markabianern mit, dass der Plan jedoch nur funktionieren könne, wenn man den zwanzigjährigen Erdbiorhythmus miteinbezieht. Der Plan sah außerdem vor, dass neben den markabianischen Einheiten auch Drakonier an dem Unternehmen beteiligt sein würden. Asasel wurde für seine Hilfe die Freiheit sowie ein eigenes Mutterschiff versprochen, über das er frei verfügen könne.

Mittlerweile schrieb man auf der Erde bereits das Jahr 1908. Kurz bevor man den endgültigen Plan ausgearbeitet hatte, versuchte ein markabianisches Raumschiff trotz der noch aktivierten Abwehranlage eine Landung auf der Erde und wurde aufgrund eines Abwehrstrahls am 30. Juni 1908 über der Region Tunguska in Sibirien zur Explosion gebracht. Ein Augenzeuge berichtete, die Explosion habe den Himmel auseinandergerissen wie eine klaffende Wunde. Ein anderer sah ein längliches, flammendes Objekt, das einen Staubschweif hinter sich her zog. Die Erde bebte, und mit dem Beben rollte ein gewaltiger Sturm über die öde Landschaft, der ganze Waldstücke wie Streichhölzer niedermähte. Dabei verbrannten 3.000 Quadratkilometer Wald. Später schätzten Naturwissenschaftler, dass die Gewalt des Ereignisses der Energie einer 20-Megatonnen-Atombombe entsprach.
Da der nächste darauf folgende Höhepunkt des Erdbiorhythmus am 12. August 1923 zu erwarten war, richtete sich die gesamte Planung des Unternehmens »Trojanisches Pferd« auf dieses Datum aus. Doch welche Menschen sollte man als Ziel für die geplante »ultimative Falle« wählen? Man kam zu der Überzeugung, am sinnvollsten eine Gruppe von Menschen zu wählen, die ohnehin im Verborgenen ohne große Aufmerksamkeit der Erdbevölkerung wirkte. Ein Geheimbund wäre ideal.

Aleister Crowley, der zum Ende des Ersten Weltkriegs nicht nur eine führende Position beim O.T.O. und dem »Golden Dawn« einnahm, sondern auch in zahlreiche schwarzmagische Experimente verwickelt war, wurde als Mittelsmann für das Unternehmen »Trojanisches Pferd« ausgewählt. Gewissermaßen als oberster Schwarzmagier unseres Planeten konnte Asasel keinen besseren Partner finden. Asasel verließ allerdings seine Basis im Himalaja nicht, sondern sandte einen verbliebenen andromedanischen Bioroboter zur Kontaktaufnahme mit Crowley. Crowley gab später auch zu, dass es ihm möglich war, mit einer außerirdischen Wesenheit namens LAM Kontakt aufzunehmen. Er beschrieb LAM als einen »grauen Außerirdischen mit einem aufgeblasenen Kopf«. Crowley skizzierte mit diesen Worten also bereits im Jahr 1918 einen der sogenannten »kleinen Grauen«, wie sie heute immer wieder bei modernen UFO-Entführungsfällen in Erscheinung treten. Dabei ist interessant zu wissen, dass es sich bei den sogenannten »Grauen« nicht etwa um tatsächliche Außerirdische handelt, sondern »lediglich« um außerirdische Bioroboter. Sowohl die Galaktische Konföderation als auch die Imperiale Allianz verfügt über derartige Bioroboter, die allerdings bei beiden Institutionen einige Unterschiede aufweisen.

Infolge des sogenannten UFO-Absturzes in der Kalahari, bei dem am 7. Mai 1989 ein Raumschiff der Imperialen Allianz von der südafrikanischen Luftwaffe abgeschossen wurde, kamen medizinische Unterlagen über die an Bord befindlichen »Grauen« an den Tag. In einem als »TOP SECRET / EAGLE« klassifizierten Dokument mit dem Codenamen »HORNET« (Hornisse) wird bezüglich der im Schiff gefundenen »fremden Lebensformen« folgendes berichtet:

Alle an Bord des fremden Raumschiffes gefundenen Informationen betreffend die Evolution der fremden Lebensformen weisen auf eine Entwicklung hin, ähnlich wie wir sie von der Erde, vor dem Aussterben der Dinosaurier, her kennen. Unsere Wissenschaftler kamen zu dem Schluss, dass bezüglich dieser intelligenten Wesen, aufgrund der Tatsache, dass sie sowohl photosynthetisch als auch reptilisch sind, eine Art von gezüchteter Kreuzung vorliegt, die bisher auf der Erde noch nicht gefunden wurde. Diese Art gezüchteter Kreuzung kann bis jetzt mit unserem heutigen Stand der Wissenschaft nicht verstanden werden, allerdings weist sie auf einen hohen Grad von Anpassungsfähigkeit hin. Weitere physische als auch psychische Studien, die in Südafrika und den Vereinigten Staaten durchgeführt wurden, zeigten eine einfache aber komplexe Verhaltensstruktur auf. Es scheint so, als ob diese Lebensformen nicht unabhängig von einem Gruppenbewusstsein und einer Gruppenidentität, in Zusammenspiel mit einer zentralen Kommandostelle, tätig werden können. Übereinstimmend mit zusätzlichen Informationen, welche an Bord des geborgenen Raumschiffes gefunden wurden, ist ihnen eine separate Rasse als Vorgesetzte bestimmt.

Das bedeutet, dass die Grauen in ihrer Struktur und Funktion Bioroboter sind, die lediglich das ausführen, was Ihnen ihre »Schöpfer« auftragen.

Wie schon erwähnt, stand auch Crowley in Kontakt mit solch einem Wesen. Allerdings durchschaute er nicht, dass er es lediglich mit einem Boten Asasels zu tun hatte. LAM gab Crowley genaue Anweisungen bezüglich des geplanten Projekts. Er sollte eine Art höhere Aufsicht inne haben, da er viel Einfluß auf die Person hatte, die – im übertragenen Sinne gesprochen – das Trojanische Pferd guten Glaubens in die Stadt ziehen sollte: Karl Haushofer!
Haushofer wurde aus mehreren Gründen gewählt. Zum einen hatte er ja mit der VRIL-Gesellschaft einen Geheimbund an der Hand, der sich der Jenseitsforschung widmete, und zum anderen war Karl Haushofer Mitglied im tibetischen Gelbmützen-Orden. Es gab aber noch einen weiteren Grund, warum man ausgerechnet eine deutsche Geheimgesellschaft in die Falle tappen ließ. Wie schon erwähnt waren »Die Herren vom Schwarzen Stein« (DHvSS) eine sehr einflussreiche Macht bei der VRIL-Gesellschaft. In der sogenannten Ilu-Lehre der DHvSS wird immer wieder Bezug auf die alte Zivilisation in Sumer genommen, deren Götter einst vom Sonnensystem Aldeba-

ran im Sternbild des Stieres herniedergestiegen sein sollen. Dabei ist wichtig zu wissen, dass Aldebaran ein großer Durchgangsstützpunkt des Andromedanischen Rates und somit der Galaktischen Konföderation ist.
Asasel folgte der alten Gewohnheit der Schwarzmagier, Dinge verkehrt herum darzustellen, und ließ Haushofer durch den Gelbmützen-Orden die Mission auftragen, mit Hilfe von weiblichen Medien einen Kontakt zu den Göttern der Sumerer herzustellen. Er erhielt genaue Anweisungen darüber, wie jene Medien vorzugehen hätten, um erfolgreich zu sein. Schließlich musste Haushofer gegenüber seinen Gelbmützen-Brüdern schwören, dass er Selbstmord begehe, wenn die Mission scheitern sollte. Und damit nahm das Unheil seinen Lauf.

Die Medien der VRIL-Gesellschaft hielten sich an Haushofers Anweisungen und empfingen geistige Durchsagen der »Aldebaraner», die in Wirklichkeit Markabianer waren. Die übermittelten Pläne zur »Jenseitsflugmaschine« wurden in die Tat umgesetzt und die Maschine am 12. August 1923 voll hochgefahren. Dabei erzeugte man einen relativ kurzen Riss in der »Raumzeit«, durch den die markabianische Vorhut in Deutschland ankam und sich freundlich als Aldebaraner vorstellte. In seinem ersten Buch »Geheimgesellschaften und ihre Macht im 20. Jahrhundert« widmete Jan van Helsing der VRIL-Gesellschaft ein ganzes Kapitel. Schon damals wunderten sich einige Leser über die seltsame Überschrift des entsprechenden Kapitels. Sie lautete nämlich: »Die VRIL-Gesellschaft oder Nicht alles Gute kommt von oben!« In seinem vierten Buch mit dem Titel »Unternehmen Aldebaran« findet sich noch eine Stelle, über die man nicht hinweglesen sollte. Jan schreibt: »Während ich gerade dieses Kapitel überarbeite, bekomme ich einen Anruf, bei dem ich darauf hingewiesen werde, dass Generalmajor a.D. Reemer, als er 1944 durch Peenemünde geführt worden war, einen Mann gezeigt bekommen hatte, der über zwei Meter groß war, einen seltsamen glatten Anzug trug und lange blonde Haare hatte. Und er hatte etwa 25 cm vor seinen Augen goldene Ringe schweben. Ihm wurde gesagt, ›dies ist einer der MARKABIANER‹ (vielleicht sagte man aber auch „›Aldebaraner‹).«

Die markabianische Vorhut war es dann auch, die im Jahre 1934 auf der U.S.S. Pennsylvania mit dem amerikanischen Präsidenten einen Vertrag schloss, durch den das geplante Philadelphia-Experiment erst möglich wurde. Mit Hilfe von Crowley und dem O.T.O. übersiedelte man bis 1942 mit Wissen Haushofers wichtige deutsche Wissenschaftler zur Durchführung des Experiments in die USA. Mittelsmann war dabei der Vater von Edward und Duncan Cameron.

Als Karl Haushofer nach der missglückten England-Mission seines Schülers Hess und der darauf folgenden Tatenlosigkeit Crowleys misstrauisch wurde, begann er damit, Nachforschungen anzustellen. Er stellte äußerst bestürzt fest, dass Hitler dabei war, Deutschland in den Untergang zu manövrieren, um den Markabianern eine gute Kulisse zur Ablenkung vom Philadelphia-Experiment zu bieten sowie die Lehre der DHvSS bezüglich Aldebaran in den Schmutz zu ziehen und damit zu zerstören. Hitler tat dies nicht aus eigenen Erwägungen heraus, er war zu dieser Zeit bereits vollständig fremdgesteuert. Auch die Ursache für die Fremdsteuerung Hitlers hatte letzendlich Haushofer selbst zu verantworten, denn er war es, der Hitler den Zugang zu einem hochrangigen tibetischen Mönch verschaffte.

Fünf Tage bevor Hitler in seinem Bunker in Berlin 1945 umkam – und er kam mit Sicherheit 1945 um – marschierten die ersten russischen Truppen in Berlin ein. Im Keller eines Gebäudes fanden sie sechs Tibeter tot in einem rituellen Kreis angeordnet. Im Zentrum lag ein tibetischer Mönch, der grüne Handschuhe trug. Nur eine Woche später stieß man auf über tausend weitere asiatische Leichname, allesamt Tibeter, die in deutschen Uniformen für Deutschland gekämpft hatten. Der Mönch mit den grünen Handschuhen gibt noch heute einige Rätsel auf. Es existieren kaum schriftliche Informationen über ihn, allerdings ist ziemlich sicher, dass er regelmäßigen Kontakt zu Hitler hatte. Dieser Mönch wurde auch der »Wächter des Schlüssels« genannt, da man annahm, dass er den Eingang nach Agharti kannte. Dieser Mann existierte nachweislich, da er in der Presse den Spitznamen »Der Mönch mit den grünen Handschuhen« trug und die genaue Zahl von Hitlers gewählten Abgeordneten für den Reichstag schon vor der Wahl vorhergesagt hatte.

Wurde zum Tode verurteilt: Albrecht Haushofer.

Als Haushofer zur Erkenntnis gekommen war, dass er sowohl bei der Führung Hitlers als auch beim Bau der Jenseitsflugmaschine in eine Falle gelaufen war, plante er das schon einige Seiten zuvor angesprochene Attentat auf Hitler. Sein Sohn, Albrecht Haushofer, sollte die Ausführung des Attentats umsetzen.

Wie erwähnt scheiterte der Plan und Albrecht Haushofer wurde zum Tode verurteilt. Karl Haushofer erfuhr erst sehr viel später davon, dass sein Sohn verhaftet und im Moabiter Gefängnis hingerichtet worden war. In der Tasche des blutdurchtränkten Anzugs von Albrecht Haushofer fand man einige Gedichte, darunter die folgenden Verse:

Für meinen Vater war das Los gesprochen.
Es lag einmal in seiner Willenskraft,
Den Dämon heimzustoßen in die Haft.
Mein Vater hat das Siegel aufgebrochen.
Den Hauch des Bösen hat er nicht gesehn.
Den Dämon ließ er in die Welt entwehn.

Nach dem Krieg, am 14. März 1946 tötete Karl Haushofer zuerst seine Frau Martha, um direkt darauf Selbstmord zu begehen. Kein Denkmal, kein Kreuz ziert sein Grab. Obwohl Haushofer Selbstmord verübte, heißt dies nicht, dass seine, vom tibetischen Gelbmützen-Orden verordnete Mission fehlschlug. Im Gegenteil, Haushofer beging Selbstmord, weil ihm klar wurde, welch großen Fehler er gemacht hatte. Er brach das Siegel und ließ den Dämon – sprich die Markabianer – »in die Welt entwehn«. Asasel hatte dafür gesorgt, dass der erste Teil des markabianischen Plans – das Kosmische Trojanische Pferd – in die Tat umgesetzt wurde. Nun bereitete man den zweiten Teil des Plans vor...

16. Zielobjekt: ERDE!

»An ihren Früchten sollt Ihr sie erkennen!«
(Jesus Christus)

Sofort, nachdem das markabianische Vorauskommando am 12. August 1923 mit Hilfe der freiwillig von Menschen gebauten Jenseitsflugmaschine auf der Erde angekommen war, begann man damit – getarnt als »Aldebaraner« – die Deutschen bei ihren Flugscheibenentwicklungen zu unterstützen. Sicherlich spielte dabei auch der Hintergedanke eine Rolle, diese Flugscheiben für eigene Zwecke zu nutzen. Gleichzeitig nahm man Kontakt zur US-amerikanischen Führung auf, um eine Vereinbarung zu treffen, welche die Amerikaner – sprich: deren Präsident – »aus freiem Willen« eingingen. Somit war das kosmische Gesetz der Freiwilligkeit eingehalten. Die Markabianer verfuhren dabei nach der bekannten Doktrin »teile und herrsche«, unterstützten sowohl Deutschland als auch die USA und bereiteten im Hintergrund das Philadelphia-Experiment vor. Durch den Einfluss, den man aufgrund des mit den USA geschlossenen Vertrags innerhalb der amerikanischen Regierung ausübte, konnte man »Projekt Rainbow« von außen kontrollieren und den Tag des Experiments auf den 12. August 1943 festlegen. Die Anweisung für das Datum kam von einem Mann im Weißen Haus, der gewisse Aspekte des Projekts leitete. Dieser Mann war ein Markabianer und Kopf einer Gruppe, die man das PSI-Corps nannte.

Die gleiche Verfahrensweise wandte man dann auch beim Nachfolgeprojekt »Phoenix« an, was schließlich zum Montauk-Projekt und dem großen Riss in der Raumzeit von Philadelphia 1943 nach Montauk 1983 führte. Um das Montauk-Projekt in die erwünschte Richtung zu lenken, wurde John von Neumann eine Technologie zur Verfügung gestellt, die direkt von den Drakoniern aus dem Orion-System stammte. Gleichzeitig war die Entwicklung von Gedankenkontrolltechniken wichtig, da der markabianische Plan vorsah, die Masse der Erdbevölkerung Ende der 1990er Jahre zu übernehmen.

Die »geheime Regierung« gab den Montauk-Wissenschaftlern schließlich den Auftrag, den Planeten Mars mit Hilfe der Zeitreisetechnik aufzusuchen und die dortige Sonnensystem-Abwehranlage rückwirkend zum 12. August 1943 auszuschalten. Wie wir schon gesehen haben, wurde dieser Auftrag auch durchgeführt. Die Markabianer sowie Drakonier aus dem Orion-System nutzten das vierzigjährige »Tor«, um mit einer großen Anzahl von Raumschiffen in unser Sonnensystem einzudringen.
Da die Markabianer über Antigravitationsfluggeräte (Flugscheiben) verfügten, die auch ein Reisen in der Zeit ermöglichten, ging man viele tausend Jahre in die Vergangenheit zurück und errichtete eine Basis auf dem Mars. Die dort noch heute zu erkennenden Pyramiden haben allerdings – ebenso wie die Pyramiden in Ägypten – nichts mit den Markabianern zu tun, sondern sind schon viel älter.

Die Markabianer waren nun aufgrund ihrer »Zeitmaschinen« in der Lage, die historische Entwicklung auf der Erde zu manipulieren und abzuändern. Zunächst kontaktierten die Markabianer vor etwa fünftausend Jahren ein Volk auf der Erde, das ihren Vorstellungen entsprach und sie spielten »Gott«. Mit Hilfe der mitgebrachten Technologie vollbrachten sie »Wunder« und versklavten die Menschen geistig. Sie zwangen die Menschen zu strengem Gehorsam, ließen sich anbeten und schufen so eine Art von Religion. Nachdem dieses ausgewählte Volk völlig ergeben war, schloss man mit ihm einen Vertrag. Man bot jener Menschengruppe an, das herrschende Volk auf Erden zu werden, falls sie den Markabianern zu ihren Zielen verhelfe. So entstand auch der Plan, dass ein paar Markabianer – die uns Menschen verblüffend ähneln – die Führung dieses Volkes übernehmen würden und das ausgesuchte Volk im Laufe der Zeit alle anderen Völker der Erde unterwandern und letztendlich übernehmen solle.

Der nächste entscheidende Eingriff der Markabianer erfolgte dann etwa um die Zeit 500 nach Christus. Ein relativ großes Team von Markabianern – Männer, Frauen und Kinder – wurde in der Kaukasusgegend abgesetzt. Diese Gruppierung hatte den Auftrag, den Plan zur Übernahme der Erde

bis spätestens zum Jahr 2000 zu unterstützen. Der Einfachheit halber nahm man die Religion des Volkes an, das 3.500 Jahre zuvor den Vertrag mit den Markabianern abgeschlossen hatte. Durch diesen Eingriff wurde der Einfluß jenes Volkes in der Welt erheblich gestärkt.
Überwacht von markabianischen Agenten vollzog man im 18. Jahrhundert die Unterwanderung von Freimaurerlogen und Rosenkreuzern durch die Bayerischen Illuminaten, deren Führung durch Markab gesteuert wurde. Das Land, das dann zum Ende des 20. Jahrhunderts die Weltpolitik dominieren sollte, wurde bereits als Freimaurer- und Illuminatenstaat gegründet – die USA. Auf der Rückseite des großen Staatssiegels der USA findet sich das Symbol der Illuminaten. Es handelt sich dabei um eine dreizehnstufige Pyramide ohne Abschlussstein und mit dem sogenannten »allsehenden Auge« auf der Spitze. Im oberen Teil findet sich auf lateinisch die Aussage »ANNUIT COEPTIS«, was soviel heißt wie: »Unser Unternehmen wird erfolgreich sein«. Auf der untersten Stufe der Pyramide befindet sich die lateinische Jahreszahl 1776 (Das Gründungsjahr der Bayerischen Illuminaten) sowie der Leitspruch »NOVUS ORDO SECLORUM« – »Die Neue Weltordnung«.
Und das ist genau das Ziel der Markabianer. Eine Neue Weltordnung mit einer einzigen Weltregierung, einer Weltreligion und einer Weltwährung auf unserem Planeten zu installieren.

Aber wie soll, kurz beschrieben, diese „Eine Welt" durchgesetzt werden? Kurz gesagt: durch Erziehung der Menschheit über Jahrtausende hinweg. Man kann Menschen beispielsweise unschwer ihrer stabilen Orientierungspunkte (Familie, Arbeit, Regierung) berauben, um auf diesem Weg Verwirrung und Hilflosigkeit zu schaffen. Anstelle der alten Orientierungspunkte setze man dann neue, falsche »Wegweiser« und beruhige damit die Situation wieder. Doch weiter geht´s: Mach das Leben selbst zu einer Schwierigkeit; lass Probleme unlösbar erscheinen, lass Politiker dumm und vertrauensunwürdig wirken. Wenn dann der Zeitpunkt der maximalen Verwirrtheit bei der Bevölkerung erreicht ist, führt man einen gigantischen neuen Orientierungspunkt ein: die hilf-

reiche Hand einer außerirdischen Macht! Dieses Szenario muss vorher natürlich mit Hilfe von Science-Fiction, Literatur und Kinostreifen dieses Genres sowie geeigneten Spielzeugen vorbereitet werden. Als nächstes muss man die Erdbevölkerung dazu bringen, hoffnungsvoll die glänzenden schwarzen markabianischen Raumschiffe zu erwarten, Repräsentanten einer wohlmeinenden, weit fortgeschrittenen Zivilisation, die nur das Beste für die Bevölkerung der Erde will. Natürlich muss dies alles dann in großangelegten PR-Shows, Fernseh-Sendungen, Presse-Events und generell öffentlichen Veranstaltungen unterstützt werden. Ein Empfang mit Applaus und wahren Begeisterungsstürmen eben.
Überwältigt vom pünktlichen Erscheinen und der unendlichen Güte ihrer Retter würde die Menschheit – vertreten durch die Weltregierung – dem Markabianischen Bund und somit der Imperialen Allianz beitreten. Nein, noch viel schlimmer, man würde geradezu darum betteln, dabei sein zu dürfen! Der Beitritt wäre dann eine freiwillige Entscheidung auf demokratischer Basis, genau wie von der galaktischen Verfassung (freier Wille) gefordert. Und weder eine Galaktische Föderation, noch ein paar warnende Erdenbürger würden irgendetwas daran ändern können, denn alle Aktionen sind völlig legal.

Zurück zu den USA: Mit Hilfe ihres Spinnennetzes in Politik und Wirtschaft wurden die Illuminati – die Führungsspitze der Illuminaten – zu den 13 wichtigsten und einflussreichsten Familien der Welt. Sie benutzten ihre ganze Macht, um die Welt an die »Neue Weltordnung« heranzuführen. Wie wir schon im ersten Teil dieses Buches gesehen haben, handelt es sich bei den Illuminati um die sogenannte »Geheime Weltregierung«.
Die weitere Entwicklung wurde natürlich durch die Macht hinter der Geheimen Weltregierung, den Markabianern und Drakoniern, genau überwacht. Die Illuminati versuchen, den von den Markabianern vorgegebenen Plan mit Hilfe von kontrollierten Organisationen wie dem »Council on Foreign Relations« (CFR), den »United Nations«, der »Bilderberger-Gruppe«, dem »Club of Rome« und der »Trilateralen Kommission« umzusetzen. Doch wie sah der Plan für das 20. Jahrhundert aus? Aufschluss gibt

dazu ein Brief, den Albert Pike, der damalige »souveräne Großmeister des alten und akzeptierten schottischen Ritus der Freimaurer« am 15. August 1871 an den Illuminatenführer Mazzini schrieb; darin zeigte er in grobem Umriss den Plan für die Eroberung der Welt (»Die Neue Weltordnung«) mit Hilfe von drei Weltkriegen auf:

Der »Erste Weltkrieg« sollte inszeniert werden, um das zaristische Russland unter die unmittelbare Kontrolle der Illuminaten zu bringen. Russland sollte dann als »Buhmann« benutzt werden, um die Ziele der Illuminaten zu fördern.
Der »Zweite Weltkrieg« sollte über die Manipulation der zwischen den deutschen Nationalisten und den politischen Zionisten herrschenden Meinungsverschiedenheiten fabriziert werden. Daraus sollte sich eine Ausdehnung des russischen Einflussbereiches und die Gründung eines Staates Israel in Palästina ergeben.
Der »Dritte Weltkrieg« sollte sich dem Plan zufolge aus den Meinungsverschiedenheiten ergeben, wie sie die Illuminati zwischen den Zionisten und den Arabern hervorrufen würden. Es wurde die weltweite Ausdehnung des Konflikts geplant.

Fällt Ihnen etwas auf? Vergleichen Sie einmal diesen Plan von 1871 (!) mit den tatsächlichen Ereignissen des 20. und 21. Jahrhunderts.
»Wir werden zu einer Weltregierung kommen, ob Sie es wollen oder nicht – durch Unterwerfung oder durch Übereinkunft«, dies sagte das CFR-Mitglied James Warburg vor dem Senatsausschuß für auswärtige Angelegenheiten am 17. Februar 1950. Der Council on Foreign Relations spielt bei der Errichtung der »Neuen Weltordnung« durch die Illuminati eine führende Rolle.
Aber der CFR kontrolliert nicht nur Politik und Wirtschaft sondern auch die öffentliche Meinung. Folgendes Zitat von CFR-Mitglied Admiral a. D. Chester Ward bezüglich des CFR erscheint mir äußerst wichtig: »Ebenso bedeutend ist der Einfluss des CFR auf die Massenmedien... ...sie kontrollieren unsere großen Zeitungen, Zeitschriften, den Rundfunk und das Fernsehen.«

Der von Xenu ausgearbeitete Plan zur Übernahme der Erde durch die Markabianer schien aufzugehen. Allerdings hatte man die Rechnung ohne die Andromedaner gemacht. Natürlich war es auch den Andromedanern nicht erlaubt, sich ohne »Einladung« in die Entwicklungen auf der Erde einzumischen. Im Jahre 1946 geschah aber etwas, mit dem die Markabianer nicht gerechnet hatten. Drei Menschen vollführten ein erschöpfendes Ritual, das eine interdimensionale Tür für die Manifestation der Göttin Babalon öffnen sollte. Und es wurde tatsächlich ein Tor in der Raumzeit geöffnet: Für die Andromedaner! Ähnlich wie den Markabianern 1923 mit Hilfe der Jenseitsflugmaschine ein Tor geöffnet wurde, hat man 1946 durch das Babalon-Working auf freiwilliger Basis ein Tor für die Gegenseite, den Andromedanern, geöffnet. Deswegen war es nun den Andromedanern möglich, in die irdischen Vorgänge einzugreifen anstatt diese nur zu überwachen. Crowley ahnte dies und war deshalb auch sehr beunruhigt.
Als den Andromedanern diese Türe geöffnet wurde, trat sofort der Andromedanische Rat zusammen, um zu entscheiden, ob man direkt in das, was auf der Erde vor sich ging, eingreifen sollte oder nicht. Nach ausführlichen Beratungen vertrat die Mehrheit des Rates die Ansicht, dass die Menschen auf der Erde eine Gelegenheit zur Bewährung verdient hätten; schließlich sei dieser Planet seit mehr als 5.000 Jahren von Asasel und später auch den Markabianern manipuliert worden. Also wurden daraufhin mehrere tausend Andromedaner eingesetzt, die sich freiwillig für die »Mission Erde« gemeldet hatten.

Dazu muss man wissen, dass es sich bei den Andromedanern um eine sehr alte Rasse handelt, deren technische Möglichkeiten äußerst weit fortgeschritten sind. Mit Hilfe dieser fortschrittlichsten Technik verließen die Repräsentanten des andromedanischen »Mission-Erde«-Teams ihre Körper und inkarnierten freiwillig in Körpern von Erdenmenschen. Als Zeitpunkt für diese Aktion wählten die Andromedaner ca. 10.000 vor Christus, um den Markabianern keinen Anhaltspunkt für die Anwesenheit des »Spezialeinsatzkommandos« zu geben. Über viele Inkarnationen hinweg glich das Mission-Erde-Team einer Art von »Schläfern«. Niemand wusste von ihnen, allerdings nahmen sie im Laufe der Inkarnationen wichtige Posten der Weltgeschichte ein. Unter ihnen waren Propheten, Könige, Generäle und Alchemisten. Aber alle so auf der Erde versteckt lebenden Andromedaner hatten das gleiche Ziel: die entscheidende Inkarnation in den sechziger und siebziger Jahren des 20. Jahrhunderts, um in den markabianischen Plan zur Übernahme der Erde an seinem Höhepunkt eingreifen zu können. Marjorie Cameron, die am Babalon-Working 1946 teilnahm, wusste dies. Und aus diesem Grund bezeichnete sie viele der Kinder, die in den sechziger Jahren geboren wurden, im magischen Sinn auch als »ihre« Kinder.

Aber neben dem Einsatz des Mission-Erde-Teams beschloss der Andromedanische Rat, dass jegliche Anwesenheit von Markabianern oder anderer Kräfte der Imperialen Allianz auf unserem Planeten bis spätestens 12. August 2003 beendet sein müsse. Bis zu diesem Termin wollten die Andromedaner alle Außerirdischen – ausgenommen das Mission-Erde-Team, da diese ja in irdischen Körpern inkarniert sind – auf der Erde, in der Erde und auf dem Mond von hier entfernt haben. Der Grund für dieses Ultimatum bestand darin, dass die Andromedaner sehen wollten, wie die Menschen sich verhalten, wenn sie nicht mehr direkt von den Markabianern manipuliert werden.

Nachdem die Markabianer die Mitteilung des Andromedanischen Rates über das Ultimatum zum 12. August 2003 erreichte, mussten sie umdenken. Da sie keinen Krieg mit den Andromedanern führen wollten, blieb ihnen nur die eine Möglichkeit, die Neue Weltordnung und die »freiwillige« Übergabe der Erde durch die Weltregierung noch vor dem 12. August 2003 in die Tat umzusetzen. Aufgrund einer solchen »freiwilligen« Entscheidung der Menschheit wäre das Ultimatum der Andromedaner hinfällig geworden.

Der nun modifizierte markabianische Plan sah vor, die Neue Weltordnung spätestens zum 1. Januar 2000 installiert zu haben. Und der zur Durchsetzung dieses Plans benötigte Dritte Weltkrieg war für das Jahr 1998 vorgesehen. Allerdings wurde daraus nichts, da durch die Vorgänge am 12. August 1983 bei der Zerstörung des Montauk-Projekts eine Änderung der Zeitlinie stattfand. Schließlich versuchten die von den Markabianern geführten Illuminati den Dritten Weltkrieg doch noch herbeizuführen. Dabei wollte man vier Personen mit einer List durch Stärkung deren Egos zu einer »magischen« (gewollten) Handlung bewegen – stellvertretend für die gesamte Erdbevölkerung. Doch auch dieser Versuch schlug am 21. Januar 1998 fehl, da es sich bei zweien der dafür gewählten Personen um Mitglieder des inkarnierten andromedanischen Mission-Erde-Teams handelte.

Dass nach der Zerstörung des Montauk-Projekts 1983 für die Markabianer und deren Verbündete vieles wirklich schief lief, kann man unter anderem

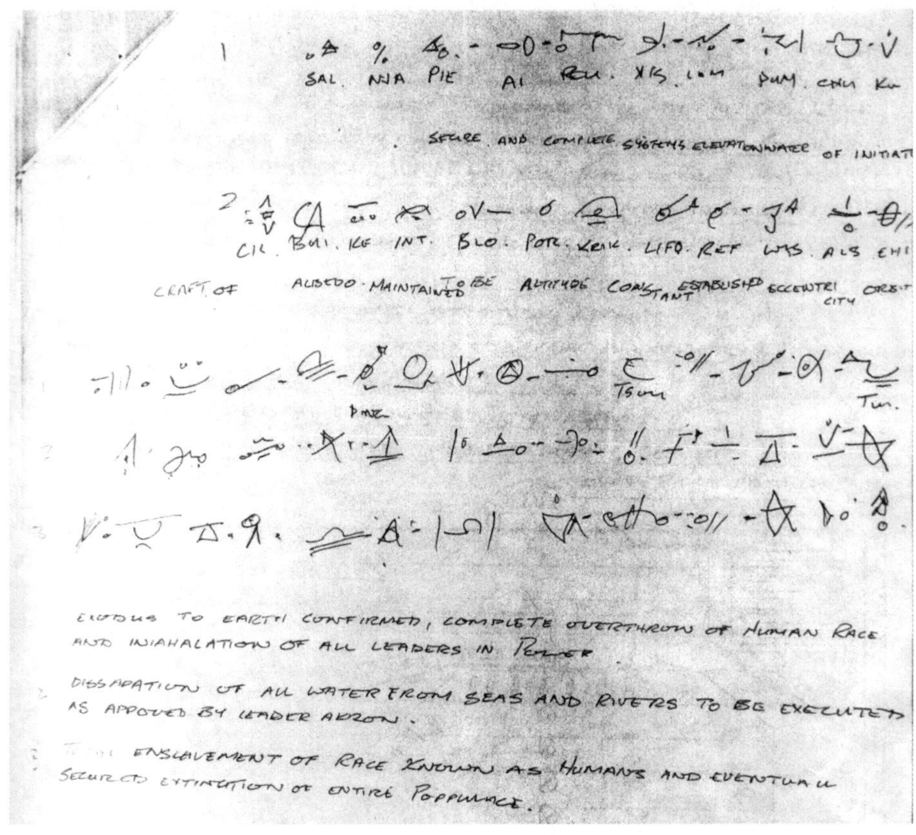

1 SAL. NJA PIE AI . XIS. PUM.

SECURE AND COMPLETE SYSTEMS ELEVATION WATER OF INITIAT

2 CIL. BUI. KE INT. BLO. POR. KRIK. LIFO. REF WIS. ALS

CRAFT OF ALBEDO. MAINTAINED TO BE ALTITUDE CONSTANT ESTABLISHED ECCENTRICITY ORBIT

EXODUS TO EARTH CONFIRMED, COMPLETE OVERTHROW OF HUMAN RACE AND INIAHALATION OF ALL LEADERS IN POWER.

DISSAPATION OF ALL WATER FROM SEAS AND RIVERS TO BE EXECUTED AS APPOVED BY LEADER AKRON.

ENSLAVEMENT OF RACE KNOWN AS HUMANS AND EVENTUAL SECURED EXTINCTION OF ENTIRE POPPULACE.

Aufzeichnungen eines ehemaligen SIGINT-Insiders.

auch am Abschuss eines feindlichen UFOs beim bereits erwähnten Kalahari-Zwischenfall vom 7. Mai 1989 erkennen. Nicht nur, dass die an Bord gefundenen »Bioroboter« äußerst aggressiv waren, nein, ein nach Südafrika entsandtes amerikanisches Spezialteam fand an Bord des Raumschiffs sogar spezielle Waffen. Darüber hinaus wurden auch Informationsträger aus Silizium geborgen, die durch die US-Geheimdienstabteilung »SIGINT« (Kurzform für »Signals Intelligence« = Entschlüsselungs-Geheimdienst) übersetzt werden konnten.

Unter anderem wurden dabei folgende Informationen entdeckt:
Der Exodus zur Erde wird aufrechterhalten; vollständige Übernahme der menschlichen Rasse und Vereinnahmung aller sich im Amt befindlichen Führer; Entzug allen Wassers aus Seen und Flüssen soll wie von Führer »Akron« genehmigt ausgeführt werden; die totale Versklavung der als Menschen bekannten Rasse und eventuelle sichere Auslöschung der kompletten Bevölkerung.

17. Der 12. August 2003 – Eine Chance für die Menschheit!

»Wir leben in einer Endzeit!«
(Ex-US-Präsident Ronald Reagan)

Wie wir gesehen haben, schlug der Versuch fehl, im Jahr 1998 den Dritten Weltkrieg doch noch auszulösen. Die Illuminati waren nun unter Zeitdruck geraten, entsprechend viele Fehler unterliefen ihnen. Es ging jetzt um den unabdingbaren Versuch, den Plan in die Tat umzusetzen, das heißt, unüberbrückbare Meinungsverschiedenheiten zwischen Zionisten und Arabern hervorzurufen und diesen Konflikt dann eskalieren zu lassen. Nichts durfte den teuflischen Plan gefährden. Als sich die extrem populäre englische Prinzessin Diana anschickte, eine Beziehung mit einem Araber einzugehen, befürchtete man, dass dies in bezug auf die öffentliche Meinungsbildung im Vorfeld des geplanten Krieges gegen die arabische Welt problematisch werden könnte. Als Mutter des zukünftigen englischen Königs hätte Diana auch nach einer eventuellen Heirat mit einem Araber noch großen gesellschaftlichen Einfluss besessen. Die Illuminati gaben daher die Anweisung, die Prinzessin durch englische und amerikanische Geheimdienste liquidieren zu lassen. Bereits vierzehn Tage nach Dianas Tod teilte mir ein Freund mit Verbindungen zu einem Informanten aus der Geheimdienstwelt mit, dass bei dem Unfall von Diana in Paris der linke Vorderreifen des Mercedes mit Hilfe von Plastiksprengstoff durch Fernzündung gesprengt wurde. Das betreffende Fahrzeug wurde bis zum heutigen Tag nicht von den französischen Behörden freigegeben.

Da das Ultimatum des Andromedanischen Rates an die Markabianer und deren Verbündete am 12. August 2003 endete, versuchte man, den gewollten Konflikt mit der arabischen Welt mittels Paukenschlag – oder eher einer Verzweiflungstat? – herbeizuführen. Am 11. September 2001 schlugen in beide Türme des New Yorker »World Trade Center« Flugzeuge ein. Kurz darauf stürzten die Türme in sich zusammen. Fast gleichzeitig flog angeblich ein anderes Passagierflugzeug in das US-Verteidigungsministerium (Pentagon), ein weiteres Flugzeug soll angeblich durch die Passagiere zum Absturz gebracht worden sein, bevor es Washington erreichen konnte. Sicherlich haben Sie als aufmerksamer Leser bereits gemerkt, dass ich wiederholt »angeblich« schrieb. Weder im Falle des Pentagons noch beim Absturz des Flugzeugs in Shanksville, Pennsylvania, gab es sichtbare Überreste der Maschinen. Die Überwachungskamera eines dem Pentagon gegenüberliegenden Hotels machte kurz nach dem Einschlag eine Aufnahme. Das so entstandene Bild zeigt lediglich eine verbrannte, aber noch intakte Aussenmauer, kein Flugzeug und auch keine Flugzeugteile. Was ging hier vor? Auch bezüglich der Vorgänge in New York gibt es erhebliches Potential, um an der offiziellen Darstellung der Abläufe vom 11. September zu zweifeln. Laut den vorliegenden Aussagen bekamen die über 40 Geheimdienste, welche die USA unterhält, nichts von den Planungen dieser Anschläge mit. Umso überraschender war aber dann eine konkrete Liste von 19 Arabern, die schon wenige Tage nach dem 11. September durch die Geheimdienste der Öffentlichkeit bekanntgegeben wurde. Wie kann so etwas möglich sein?

Der nichtgewählte amerikanische Präsident Bush erkannte die Gefahr sofort in Osama Bin Laden und den arabischen Fundamentalisten. Man begann unverzüglich damit, das Ganze als Krieg zu bezeichnen und griff als erstes Ziel Afghanistan an. Osama Bin Laden hatte dort Ausbildungslager für seine Organisation »El Kaida« eingerichtet, die er Jahre zuvor mit Hilfe des amerikanischen Geheimdienstes CIA aufbauen konnte. So ist es nun einmal: Wenn man um jeden Preis Feinde benötigt, dann finanziert man sie eben – um jeden Preis, wie gesagt. Stellen Sie sich einmal vor, die Feinde gingen plötzlich aus. Wie soll man dann neue, gewollte Kriege begründen? Übrigens wurde nicht nur Osama Bin Laden, sondern auch Saddam Hussein und der frühere Serbenchef Milosevic von den USA finanziert, bevor sie sämtlich zu Feinden »mutierten«.
Nachdem man Afghanistan zugebombt hatte, musste man allerdings feststellen, dass das Ziel, Osama Bin Laden zu schnappen, nicht erreicht worden war. Dies aber lag auch gar nicht in der Absicht der Angreifer, da

man Osama in Zukunft sicherlich wieder einmal gut als Feind hätte gebrauchen können. Man hätte Bin Laden längst festnehmen können. Ehemalige militärische Remote-Viewer aus den USA haben das Versteck Bin Ladens in Bangladesch bereits im Januar 2002 eindeutig lokalisiert und beschrieben. Der CIA-Aussteiger Oswald LeWinter, den ich vor seinem Tod noch persönlich sprechen konnte, war einer der CIA-Ausbilder Bin Ladens. LeWinter sagte bereits 2007, dass Osama Bin Laden zum Zeitpunkt der Anschläge vom 11. September 2001 in einem Krankenhaus in Saudi-Arabien lag. Er hing dort aufgrund einer schweren Nierenerkrankung bereits seit längerem an den Dialyse-Geräten. Einge Zeit darauf ist Osama bin Laden aufgrund seines schlechten Gesundheitszustands in Bangladesch gestorben. Die spätere angebliche Tötung Bin Ladens durch Spezialkräfte der USA in Pakistan war lediglich eine Lüge, um die Araber noch mehr gegen die westliche Welt aufzubringen.

Afghanistan wurde durch die USA überfallen, doch die arabische Welt hielt still. Ich verrate sicherlich kein all zu großes Geheimnis, wenn ich sage, dass die Araber »Wind« vom Plan für den Dritten Weltkrieg bekamen und deshalb seither versuchen, sich nicht provozieren zu lassen. Als der Afghanistan-Krieg zu Ende war, mussten die Illuminati natürlich nachlegen und nahmen ein weiteres arabisches Land ins Visier. Und wieder war es ein von den USA finanzierter Machthaber, dem man wider besserem Wissen vorwarf, Massenvernichtungswaffen zu bunkern: der irakische Präsident Saddam Hussein. Doch schon im Vorfeld dieses neuen Krieges konnte selbst der einfache Mann auf der Straße erkennen, dass hier etwas faul war. Das Jahr 2003 war schon angebrochen und es waren nurmehr einige Monate Zeit, bis das Ultimatum des Andromedanischen Rates ablief. Man musste den Irak-Krieg so schnell wie möglich beginnen lassen. Aber wer unter Zeitdruck steht, begeht Fehler! Die Begründung für diesen Krieg war schlichtweg lächerlich, und da die Bevölkerungen der Erde dies auch wahrnahmen, entstand »von unten« Druck auf die jeweiligen Regierungen. Vor allem in Europa verloren die Illuminati immer mehr die Kontrolle über das Geschehen.

Der weitere Verlauf ist Geschichte. Die Amerikaner begannen einen Krieg, besetzten das Land und hatten dort gewaltige Probleme. Und obwohl die Illuminati-Mächte USA und Israel ihr Bestes geben, um die Araber zu provozieren, reagieren diese einfach nicht. Unter dem Motto: »Wo kein Gegner, da kein Krieg«. Nun versucht man seit einiger Zeit den gesamten Nahen Osten zu destabilisieren. Hier kann man als Beispiele die Länder Syrien, Jemen, Lybien und Ägypten nennen.

Parallel zur Möglichkeit, mit Hilfe eines Dritten Weltkriegs die Neue Weltordnung zu installieren, arbeitete man noch an einer anderen Variante, um dieses Ziel zu erreichen. Man war dabei, eine künstliche außerirdische Bedrohung zu schaffen. Der Plan bestand wieder einmal darin, Angst zu säen, um so die Völker der Erde von der Notwendigkeit einer gemeinsamen Weltregierung zu überzeugen und deren Zustimmung zu erlangen. Bereits 1997 erklärte mir eine Insiderquelle, dass es eine wirkliche außerirdische Bedrohung durch die Markabianer und deren Verbündete gab, die Menschheit aber wahrscheinlich in Kürze etwas zu sehen bekommen würde, das nicht echt sei. Man hatte vor, riesige Hologramme in die Erdatmosphäre zu zeichnen, die den Raumschiffen aus dem US-Kinostreifen »Independence Day« in nichts nachstehen würden. Im US-Bundesstaat Alaska wurde im Jahre 1994 der Bau einer riesigen Anlage begonnen, die den Namen HAARP (High-frequency Active Auroral Research Project = Hochfrequenz-Aktiv-Aurora-Forschungsprojekt) trägt. Betrachtet man das Unternehmen HAARP als Außenstehender zum ersten Mal und damit auch völlig unvorbelastet, glaubt man, ein ganz gewöhnliches, harmloses Forschungsprojekt vor sich zu haben. Bei näherem Hinsehen aber entpuppt es sich als Geheimunternehmen einer ähnlichen Dimension wie das Manhattan-Projekt, das uns die Atombombe »bescherte«. Bei HAARP handelt es sich um einen sogenannten »Ionosphärenheizer«, für dessen Betrieb viele Patente von Nikola Tesla und Bernard J. Eastlund benutzt werden. HAARP ist ein äußerst gefährliches »Spielzeug«, denn es ermöglicht eine Manipulation des globalen Wettergeschehens und die Beeinträchtigung von Ökosystemen; es ermöglicht,

elektronische Kommunikationssysteme auszuschalten und das emotionale Befinden sowie die gesamte Geistesverfassung des Menschen zu beeinträchtigen. Doch eine Eigenschaft von HAARP wurde bislang völlig übersehen: Mit HAARP ist es möglich, riesige Hologramme in die Erdatmosphäre zu zeichnen. Um allerdings diese Hologramme gleichzeitig über alle Erdgebiete zu projizieren, benötigt man mehr.
Bereits seit vielen Jahren befinden sich drei schulbusgroße Spezialsatelliten mit fortschrittlichster Technik in einer etwas entfernteren Erdumlaufbahn. Diese drei Satelliten tragen die Bezeichnung DSP1, DSP2 und DSP3, wobei die Abkürzung DSP für »Deep-Space-Platform« steht. Diese Satelliten befinden sich in einer Entfernung zur Erde, bei der sie untereinander unbeeinträchtigt vom Erdhorizont in direktem Kontakt stehen, aber noch nahe genug für eine gewünschte Hologrammprojektion positioniert sind. Ich bin gespannt, ob die seit dem 12. August 2003 führungslosen Illuminati doch noch einmal versuchen werden, mit Hilfe einer künstlichen außerirdischen Bedrohung eine Weltregierung zu installieren.
Doch auch die Andromedaner sind keineswegs tatenlos. Die berühmten englischen Kornkreise, die von Jahr zu Jahr mit immer ausgefalleneren Mustern und Zeichnungen überraschen, stammen zu einem großen Teil von der Imperialen Allianz. Auch mit Hilfe der Kornkreise versuchten die Markabianer ihren großen Auftritt als »gutmütige Wohltäter« nach der Installation der Neuen Weltordnung vorzubereiten. Wichtige Höhepunkte bezüglich der Kornkreise bildeten zwei Formationen: eine Struktur der Imperialen Allianz im Sommer 2001 und eine Art »Gegendarstellung« der Galaktischen Föderation im August 2002.

Im Sommer des Jahres 2001 erschien in einem Weizenfeld neben dem britischen Radioteleskop von Chilbolton das bis dahin aufsehenerregendste aller Kornkreiswerke: ein grobkörniges Passfoto so groß wie ein Fußballplatz, zusammengesetzt aus 412 riesigen Halmbüschel-Rasterpunkten. Nur fünf Tage später erschien gleich daneben ein 81 Meter langes »Getreide-Fax« aus 136 rechteckigen Halmblöcken, die als binär gepixelte Antwort auf die 1974 vom SETI-Projekt an mögliche Außerirdische ausgestrahlte irdische

Botschaft erkannt wurde. Der Inhalt dieser binären Antwort wurde kurz darauf dekodiert und veröffentlicht. Der den Erdlingen darin vorgestellte Alientyp ist der sogenannte kleine Graue (Bioroboter). In der Botschaft wird behauptet, dass dieser Typ Außerirdischer einen eigenen genetischen Aufbau mit einer Dreifach-Helix besitzt. Die Wesen beschreiben sich als durchschnittlich 101 Zentimeter klein. Ihre Gesamtbevölkerung soll aus etwa 12,7 Milliarden Außerirdischen bestehen. Seltsam. Da werden uns Bioroboter von ihren Schöpfern als kleine, friedliche und liebenswürdige Außerirdische verkauft. Was tut man nicht alles, wenn einem die Zeit davonläuft...

Im August 2002 aber dann die wirkliche Sensation: In Crabwood, England, entdeckte man am 14. August 2002 einen unglaublichen Kornkreis. Dabei handelte es sich um ein dreidimensionales Aliengesicht (Typ Bioroboter) und einer dem Gesicht beigefügten Kornkreis-Scheibe, die mit vielen Erhebungen und Vertiefungen versehen war.
Bei ihnen handelte es sich um einen Binärcode, der aus Einsen und Nullen bestand. Es scheint unglaublich, doch ist es gelungen, diese Nachricht zu entschlüsseln. Und jeder, dem der Binärcode nicht fremd ist, kann die Dechiffrierung auch selbst versuchen. Dazu behandelt man die Kornkreisdisk wie eine normale CD, auf der eine Nachricht im ASCII-Code, dem internationalen Buchstaben-Standart-Code, digital gespeichert wurde. Nachdem man ein gutes Foto der Disk eingescannt hat, werden die einzelnen Spuren entwickelt und in eine lange Reihe von Nullen und Einsen gebracht. Der Anfang befindet sich in der Mitte, und die Codierung besteht aus 8 Bit, die Pausen zwischen den einzelnen Zeichen sind deutlich zu erkennen. Der letzte Schritt besteht darin, die auf diese Weise erhaltenen Werte der Einsen und Nullen im Binärcode in das 8-Bit-System der ASCII-Norm umzuwandeln. Dann offenbart sich eine unglaublich wichtige Nachricht, die sich im Original so darstellt:

Beware the bearers of FALSE gifts & their BROKEN PROMISES. Much PAIN but still time. EELRIJUE. There is GOOD out there. We Oppose DECEPTION. Conduit CLOSING

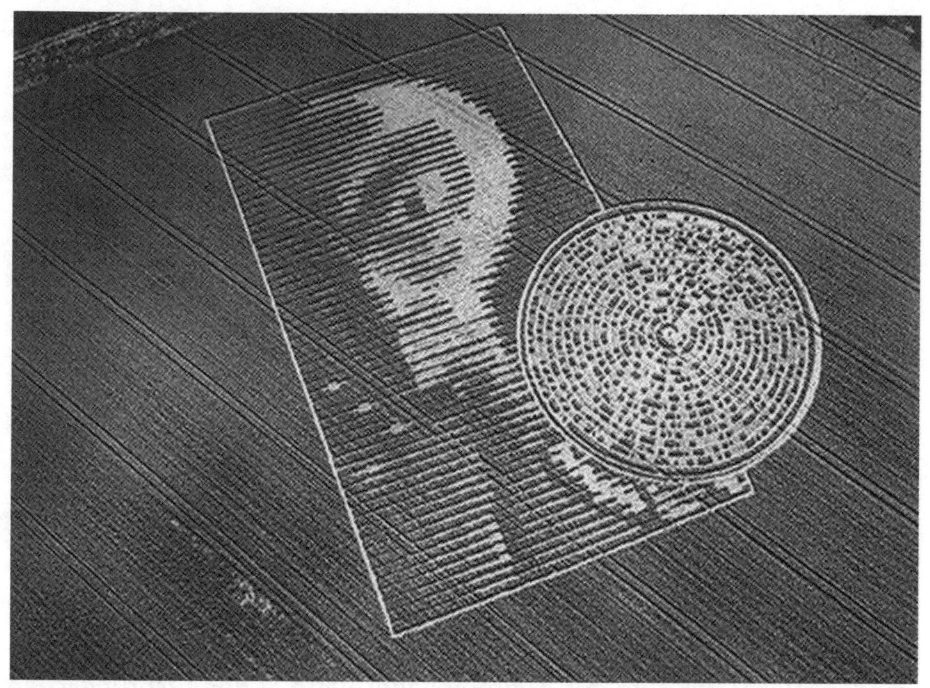

Im August 2002 aber dann die wirkliche Sensation:
In Crabwood, England, entdeckte man am 14. August 2002
einen unglaublichen Kornkreis.

Auf deutsch:

Habt acht vor den Überbringern falscher Geschenke und ihren nicht gehaltenen Versprechungen. Viele Leiden (großer Schmerz), aber es ist noch Zeit. EELRIJUE. Das Gute (dort außerhalb) existiert. Wir sind gegen den Betrug (Lügen). Ende der Übermittlung

Nun, dies ist doch schon sehr aufschlussreich. Bezüglich der Buchstabenkombination EELRIJUE wurde vermutet, dass es entweder der Name eines Planeten oder einer Zivilisation sei. Ich bin allerdings der Ansicht, dass es sich dabei um eine Zeitangabe handelt. Ich komme zu dieser Ansicht, da sich dieser Abschnitt zum einen direkt hinter der Feststellung »aber es ist noch Zeit« befindet und es zum anderen genau acht Buchstaben sind. Zum Beschreiben eines genauen Datums benötigt man ebenfalls acht Stellen (für Tag, Monat und Jahr). Äußerst wichtig ist auch die Tatsache, dass dieser Kornkreis am 14. August 2002 entdeckt wurde und man davon ausgeht, dass er in der Nacht vom 12. auf den 13. August entstand. Ich denke bezüglich des Datums 12. August braucht nicht mehr viel gesagt werden. Dieser warnende Kornkreis entstand also genau ein Jahr vor Ablauf des Ultimatums des Andromedanischen Rates.

Nicht zuletzt aufgrund des auf der Erde inkarnierten andromedanischen Mission-Erde-Teams wurde die Einrichtung der Neuen Weltordnung und damit die Übernahme des Planeten durch die Markabianer verhindert. Allerdings heißt das nicht, dass die Gefahr durch die »geheime Regierung«, sprich den Illuminati, nicht mehr besteht. Die uns feindlich gesinnten Außerirdischen der Imperialen Allianz haben zwar nun das Schlachtfeld Erde geräumt, doch ihre hier installierten Institutionen sind nach wie vor vorhanden. Das Ultimatum der Andromedaner hatte ja den ursprünglichen Zweck, den Menschen auf der Erde eine Gelegenheit zur Bewährung zu geben. Man war der Meinung die Erdbevölkerung sollte zumindest noch einen Versuch haben, sich selbst, einander und den Planeten zu respektieren. Jetzt liegt es an uns Menschen. Ich vergleiche die Situation immer mit einem von einem Bösewicht gesteuerten Schulbus, dessen verrückter Lenker den Bus frontal in Richtung einer massiven Betonwand steuert. Seit dem 12. August 2003 ist der Fahrer (Markabianer) nicht mehr da, aber der nun führerlose Bus hält immer noch die Richung mit Kurs auf die massive Betonwand bei. Nun liegt es an den Schulkindern, ob sie versuchen, das Lenkrad herumzureissen oder nicht.

Wie bei den Zeitreise-Experimenten des Montauk-Projekts festgestellt wurde, gab es ab dem 12. August 2013 eine undurchdringbare »Wand«, hinter der nur noch eine traumartige Realität wahrgenommen werden konnte. Diese Wand tauchte nach den Aussagen von Montauk-Teilnehmern sehr abrupt auf. Vor diesem Zeitpunkt gab es Spekulationen, dass es sich möglicherweise um eine Umsetzung der von vielen verschiedenen Richtungen vorhergesagten Schwingungserhöhung unseres Planeten handelt. Ein möglicher Vorgeschmack darauf ist die Veränderung der sogenannten »Schumann-Frequenz«. Darunter versteht man die Frequenz der Erd-Eigenschwingung. Entsprechende Messgeräte mussten tatsächlich in den letzten Jahren mehrmals nachgestellt werden, da sich diese Schwingung immer wieder erhöhte.

Doch was erwartet uns Menschen nun in naher Zukunft? Eigentlich ganz einfach. Die Menschheit muss, um beim Beispiel des Schulbusses zu bleiben, das Lenkrad herumreissen. Natürlich erfordert dies viel Mut und Selbstvertrauen, doch kann man bereits heute sehen, dass immer mehr Menschen beginnen aufzuwachen, zu hinterfragen und zu suchen. Dr. Rupert Sheldrake, ein englischer Wissenschaftler, konnte schon vor einigen Jahren nachweisen, dass es eine Art Matrix gibt, mit der jedes Lebewesen auf der Erde verbunden ist. Sheldrake bezeichnete diese Matrix als »Morphogenetisches Feld«. Bei den Versuchen bezüglich dieser Matrix stellte man überraschenderweise fest, dass es eine Art »kritische Masse« von zehn Prozent gibt. Wenn beispielsweise zehn Prozent der Erdbevölkerung über eine Information verfügen, diese dann innerhalb kürzester Zeit auch auf die übrigen neunzig Prozent übertragen wird. Und genau das wird meiner Meinung nach in den nächsten Jahren auf der Erde geschehen.

Es sind bereits sehr viele Menschen aktiv in der Aufklärung tätig, die über die Hintergründe unserer aktuellen Situation auf der Erde Bescheid wissen. Und es werden täglich mehr. Man sollte dabei auch nicht vergessen, dass es einen Motor für diese Entwicklung gibt, den man als solches aber kaum wahrnimmt: das inkarnierte andromedanische Mission-Erde-Team.

Und wie werden die Illuminati weiter vorgehen? Wohlgemerkt: Seit dem 12. August 2003 sind sie ja führungslos. Ob sich Asasel noch immer in seiner Himalajafestung versteckt oder ob er den Planeten verlassen konnte, ist nicht bekannt. Infolge ihrer Veranlagung, immer mehr Macht und materiellen Reichtum erlangen zu wollen, werden die Illuminati sich voraussichtlich untereinander in einen Machtkampf um die Vorherrschaft auf der Erde verstricken. Sie werden aufgrund Ihrer Gier nach Macht beginnen, sich gegenseitig zu bekämpfen und sich somit selbst zerstören. Natürlich könnte es sein, dass sie in dieser Zeit weiterhin versuchen werden, die Neue Weltordnung zu installieren. Es wird ihnen aber nicht mehr gelingen. Möglicherweise sind die weltweiten, großflächigen Stromausfälle, die unmittelbar nach dem 12. August 2003 begannen, ein erster Hinweis für den schwindenden Einfluss der Illuminati auf unserem Planeten. Natürlich werden wir in naher Zukunft große Veränderungen erleben, die zum Teil auch sehr schmerzhaft sein können, beispielsweise in Form von Naturkatastrophen.

Aber für eine freie und friedliche Welt lohnt es sich, solche »Geburtswehen« auf sich zu nehmen.
Gerade die Informationen bezüglich des Philadelphia-Experiments, des Montauk-Projekts und des Ultimatums zum 12. August 2003 wollte man der Öffentlichkeit unter allen Umständen vorenthalten. Das vorliegende Buch zeigt aber, dass genau dies nicht gelang. Bereits in meinem Vorwort stellte ich fest, dass diese Veröffentlichung bis nach dem 12. August 2003 warten musste. Die geheime Regierung versuchte noch im Juli 2003, Al Bielek zu diskreditieren. Plötzlich traten da »Forscher« in Erscheinung, die alle möglichen Angaben Bieleks zum Philadelphia-Experiment und seiner persönlichen Familiengeschichte widerlegen wollten. Und womit? Mit Dokumenten, die aus so »unabhängigen« Quellen wie dem »Institute for Advanced Study« in Princeton kommen – der Marinegeheimdienst lässt grüßen! Da sollte man sich fragen, ob diese »Forscher« lediglich unglaublich naiv, oder vielleicht selbst nicht so ganz »unabhängig« sind. Zu allem passt natürlich auch, dass man diese »entlarvenden Informationen« einen Monat vor dem 12. August 2003 veröffentlichte. Aber es kam noch viel heftiger. Am 9. August 2003 wurde Al Bielek in einen Autounfall ver-

wickelt und erlitt noch am selben Tag einen Schlaganfall. Dies könnte man vielleicht noch als eine Verkettung unglücklicher Umstände ansehen. Allerdings erlitt am selben Tag auch der erheblich jüngere Preston B. Nichols einen Schlaganfall!

18. Die Zeit wird knapp!

Ein Ende bedeutet, einen neuen Anfang zu wagen.
(Unbekannter Autor)

Seit der Erstauflage dieses Buches sind bereits elf Jahre vergangen. Am 10. Oktober 2011 verstarb Al Bielek in Mexiko. Mir wurde die Ehre zuteil ihn noch Ende 2003 als Hauptredner zum Kongress des sogenannten „Regentreffs“ nach Deutschland holen zu können. Al war ein sehr wichtiger und interessanter Gesprächspartner. Auch während seines Aufenthalts in Deutschland kam es zu etlichen „Synchronizitäten“ und seltsamen „Zufällen“.
Gespannt erwartete man den 12. August 2013. Wie würde sich die „Wand“ bemerkbar machen, welche die Zeitreisenden des „Montauk-Projekts“ zu diesem Datum vorfanden? Schon vorher stellte sich die Frage, ob es zu dieser offensichtlich heftigen Veränderung zum 12. August 2013 kommen wird, oder ob die Zerstörung des Montauk-Projekts und die daraus folgende neue Zeitlinie zu einem Ausbleiben dieser Veränderung geführt hat. Ganz offensichtlich war Letzteres der Grund für das Nichteintreten dieser „Wand“in unserer Raumzeit.

Die Illuminati bekämpfen sich gegenseitig immer stärker, gleichzeitig wachen mehr und mehr „Normalinformierte“ auf. Die alternativen Medien im Internet leisten hierbei sehr gute Arbeit. Die etablierten, von den Illuminaten kontrollierten, Medien bekommen von Tag zu Tag mehr Probleme. Der Begriff „Lügenpresse“ ist mittlerweile in aller Munde.

Ganz offentsichtlich versucht die „Geheime Weltregierung“ (oder was noch davon übrig ist), in ihrer Panik einen neuen Ost-West-Konflikt zu schüren, um die Weltbevölkerung müde und bereit für eine Weltregierung zu machen. Gesteuerte Terrorkonstrukte wie zum Beispiel der „Islamische Staat“ und daraus resultierende Flüchtlingsströme sollen noch das ihre dazu beitragen.

In dieser Zeit geht es darum Informationen an andere Menschen weiterzugeben. Geben sie, lieber Leser, Informationen über die wirklichen Vorgänge auf unserer Welt an andere Menschen weiter. Verbreiten Sie Informationen!
Die „kritische Masse“ von zehn Prozent (siehe oben) ist sehr bald erreicht. Haben sie keine Angst, aber seien sie trotzdem vorsichtig. Wie heißt es doch so schön: Wenn der sterbende Drache noch wild mit seinem Schwanz um sich schlägt, sollte man zur Seite gehen.

Ganz offensichtlich hatte Jan van Helsing Recht als er in seinem Buch „Geheimgesellschaften 2“ mit einem Vergleich beschrieb, wie sich die Illuminaten aufgrund Ihrer Gier selbst zerstören werden:
„Was ich damit meine, werde ich in dem Beispiel verdeutlichen, wie die Eskimos die Wölfe fangen. Die Eskimos stecken einen mit Tierblut beschmierten Dolch mit dem Griff ins Eis. Der Wolf wittert das Blut und beginnt, an dem Dolch zu lecken. Doch er schneidet daran seine Zunge auf und fängt an zu bluten. Durch seine Gier nach dem Blut merkt er nicht, dass er sein eigenes Blut leckt und schneidet sich natürlich immer mehr, bis er schließlich daran verblutet. Der Wolf verblutet durch seine Gier. Und genauso ergeht es den Illuminati! Man hat das Messer für die Illuminati schon lange aufgestellt und sie lecken bereits kräftig daran.“

Die Menschheit hat nun die einzigartige Gelegenheit, die Chance zu ergreifen und ihr Schicksal selbst in die Hand zu nehmen, so dass in Zukunft die Menschen sich selbst, untereinander und auch unseren Planeten respektieren. Wenn wir unser Ziel erreichen, heißt dies: verantwortliche Freiheit der Selbstbestimmung. Wir erhalten wahres Selbstvertrauen und werden frei, um bedingungslos für uns selbst verantwortlich zu sein, ohne gezwungen zu werden, irgendeine höhere Autorität zu akzeptieren.

Wir sollten nicht erwarten, von irgend jemanden gerettet zu werden. Retten müssen wir uns schon selbst. Seit dem 12. August 2003 haben wir die Chance dazu. Lasst sie uns nutzen!

LITERATUR

Das Verzeichnis erhebt keinen Anspruch auf Vollständigkeit.

- Andromeda: »Isais – Dokumentensammlung«, Nürnberg: Andromeda, 1995.
- Appel, Michael: »Sie waren nie fort«, Augsburg: Weltbild, 1994.
- Berlitz, Charles: »Das Bermuda Dreieck«, Augsburg: Weltbild, 1994.
- Berlitz, Charles: »Das Drachen-Dreieck«, München: Droemer Knaur, 1990.
- Berlitz, Charles: »Spurlos«, Wien/Hamburg: Paul Zsolany, 1977.
- Berlitz, Charles & Moore, William L.: »Das Philadelphia Experiment«, Augsburg: Weltbild, 1994.
- Bahn, Peter & Gehring, Heiner: »Der Vril–Mythos«, Düsseldorf: Omega, 1997.
- Braun, Otto Rudolf: »Hinter den Kulissen des Dritten Reiches«, Markt Erlbach: Raymond Martin, 1987.
- Collier, Alex: »Eine außerirdische Perspektive der Erde«, Obergünzburg: Ufo-Nachrichten, 1997.
- Charroux, Robert: »Das Rätsel der Anden«, Düsseldorf: Econ Taschenbuch, 1997.
- Charroux, Robert: »Die Meister der Welt«, München: Knaur, 1974.
- Charroux, Robert: »Phantastische Vergangenheit«, Frankfurt am Main: Fischer, 1970.
- Charroux, Robert: »Unbekannt Geheimnisvoll Phantastisch«, München: Knaur, 1974.
- v. Däniken, Erich: »Aussaat und Kosmos«, Gütersloh: Bertelsmann, 1972.
- v. Däniken, Erich: »Die Götter waren Astronauten!«, München: Bertelsmann, 2001.
- Deyo, Stan: »Die kosmische Verschwörung«, Peiting: Michaels, 1997.
- Edition Pandora: »Die Interviews zum Montauk-Projekt«, Peiting: Michaels, 1996.
- Ernsting, Walter: »Der Tag an dem die Götter starben«, Gränichen (Schweiz): CR, 1993.
- Ernsting, Walter: »Die unterirdische Macht«, Fichtenau: Ama Deus, 2000.
- Ezra & Elias: »Außerirdisches Wissen«, Hamburg: SOLDI, 1997.

- Farkas, Viktor: »Vertuscht – Wer die Welt beherrscht«, Marktoberdorf: Argo, 2002.
- Gentes, Lutz: »Die Wirklichkeit der Götter«, München: Bettendorf, 1996.
- van Greunen, James: »The Aenstrean Revelations«, Sedona (USA): Gem Graphics, 1988.
- van Helsing, Jan: »Geheimgesellschaften und ihre Macht im 20. Jahrhundert«, Lathen: Ewert, 1994 (in Deutschland und der Schweiz beschlagnahmt).
- van Helsing, Jan: »Geheimgesellschaften 2 – Interview mit Jan van Helsing«, Lathen: Ewert, 1994 (in Deutschland und der Schweiz beschlagnahmt).
- van Helsing, Jan: »Unternehmen Aldebaran«, Lathen: Ewert, 1997.
- Hoagland, Richard C.: »Die Mars Connection«, Essen: Bettendorf, 1994.
- Kin, L.: »Gott & Co – Nach wessen Pfeife tanzen wir?«, Wiesbaden: Edition ScienTerra, 1994.
- Krassa, Peter: »Dein Schicksal ist vorherbestimmt«, München: Herbig, 1997.
- Krassa, Peter: »Der Wiedergänger«, München: Herbig, 1998.
- Maclellan, Alec: »Die verlorene Welt von Agharti – Auf der Suche nach der Macht des Vril«, Rottenburg: Kopp, 1998.
- Magazin2000plus: »Nr. 3/176 – Ufos und Kornkreise«, Marktoberdorf: Argo, 2002.
- Manning, Jeane & Begich, Nick: »Löcher im Himmel«, Frankfurt am Main: Zweitausendeins, 1996.
- McMoneagle, Joseph: »Mind Trek – Autobiographie eines PSI-Agenten«, Düsseldorf: Omega, 1998.
- Moon, Peter: »Montauk V – Die Schwarze Sonne«, Peiting: Michaels, 1999.
- Moon, Peter: »The Black Sun – Montauk´s Nazi-Tibetan Connection«, New York (USA): Sky Books, 1997.
- Morton, Chris & Thomas, Ceri Louise: »Tränen der Götter«, München: Scherz, 1998.
- Nichols, Preston B. & Moon, Peter: »Das Montauk Projekt«, Fichtenau: E.T. Publishing Unlimited, 1994.
- Nichols, Preston B. & Moon, Peter: »Rückkehr nach Montauk«, Fichtenau: E.T. Publishing Unlimited, 1995.

- Nichols, Preston B. & Moon, Peter: »Pyramiden von Montauk«, Peiting: Michaels, 1996.
- Pauwels, Louis & Bergier, Jacques: »Aufbruch ins dritte Jahrtausend«, München: Scherz, 1965.
- Ratthofer, Norbert-Jürgen: »Zeitmaschinen«, Ardagger (Österreich): Damböck, 1992.
- Ratthofer, Norbert-Jürgen & Ettl, Ralf: »Das Vril-Projekt«, Ardagger (Österreich): Damböck, 1992.
- v. Rétyi, Andreas: »Die Stargate Verschwörung – Geheime Spurensuche in Ägypten«, Rottenburg: Kopp, 2000.
- v. Rétyi, Andreas: »Die unsichtbare Macht – Hinter den Kulissen der Geheimgesellschaften«, Rottenburg: Kopp, 2002.
- v. Rétyi, Andreas: »Skull & Bones – Amerikas geheime Macht-Elite«, Rottenburg: Kopp, 2003.
- Risi, Armin: »KOPP-Dossier Nr. 3 – Die neuesten UFO- und Repto-Szenarien«, Rottenburg: Kopp, 1999.
- Steiger, Brad mit Bielek, Alfred: »The Philadelphia-Experiment & other UFO Conspiracies«, New Brunswick (USA): Inner Light Publications, 1990.
- Watkins, Leslie & Ambrose, David: »Alternative 3«, England: Sphere Books Ltd., 1994.
- Weidinger, Erich: »Die Apokryphen – Verborgene Bücher der Bibel«, Augsburg: Bechtermünz, 2000.